왜, 독감은 전쟁보다 독할까

세계사를 바꾼 전염병들

* 이 책은 『세계사를 바꾼 전염병들』의 개정판입니다.

왜, 독감은 전쟁보다 독할까
세계사를 바꾼 전염병들

초판 1쇄 발행	2006년 9월 1일
개정판 3쇄 발행	2016년 8월 10일

글·그림	브린 바너드
옮긴이	김율희
펴낸이	김한청
편집	안희정
마케팅	오주형
디자인	김진경

펴낸곳	도서출판 다른
출판등록	2004년 9월 2일 제2013-000194호
주소	서울시 마포구 동교로27길 3-12 N빌딩 3층
전화	02-3143-6478
팩스	02-3143-6479
블로그	http://blog.naver.com/darun_pub
트위터	@darun_pub
페이스북	https://www.facebook.com/darunpublishers
메일	khc15968@hanmail.net
ISBN	978-89-92711-48-7 (73510)

OUTBREAK : PLAGUES THAT CHANGED HISTORY
by Bryn Barnard

Text and Illustrations ⓒ 2005 by Bryn Barnard
All rights reserved.
This Korean edition was published by DARUN Publisher in 2006
by arrangement with Random House Children's Books, a division of Random House, Inc.,
New York through KCC(Korea Copyright Center, Inc.), Seoul.

이 책은 (주)한국저작권센터(KCC)를 통한 저작권자와의 독점계약으로 도서출판 다른에서 출간되었습니다.
저작권법에 의해 한국 내에서 보호를 받는 저작물이므로 무단 전재와 복제를 금합니다.

* 잘못 만들어진 책은 구입하신 곳에서 바꾸어 드립니다.
* 값은 뒤표지에 있습니다.

왜, 독감은 전쟁보다 독할까

세계사를 바꾼 전염병들

브린 바너드 글·그림 | 김율희 옮김

미생물과 인류가 함께 겪어 온 질곡의 역사 속으로!

천종식
서울대학교 생명과학부 교수, 「고마운 미생물, 얄미운 미생물」의 저자

지금 인간은 지구 생태계에서 어떤 존재일까? 절대강자일까?

매일 뉴스를 채우는 것은 인간과 인간 사이에 벌어지는 전쟁에 대한 이야기뿐이다. 이제 인간은 다른 생물과는 전쟁을 하지 않는 무소불위(無所不爲), 그야말로 생태계 사슬의 최상위층을 차지한 것일까? 천만에, 그렇지 않다. 비록 인류가 많은 동식물을 멸종시키며 지금의 위치에 이르렀지만, 아직 우리를 너무나 손쉽게 괴롭히고, 심지어는 죽일 수 있는 생물체가 남아 있다. 바로 눈에 보이지 않을 정도로 작은 미생물들이다. 최근에 나타난 여러 가지 사건으로부터 그 증거를 쉽게 찾아볼 수 있다. 2003년 중국 남부 지방의 한 노의사가 친지의 결혼을 축하하기 위해 홍콩을 방문한다. 그가 어떤 결혼 선물을 가져왔는지는 모르지만, 그의 몸 안에는 지금까지 지구의 다른 지역의 사람에게는 초면(初面)인 미생물이

자리 잡고 있었다. 이 미생물은 홍콩을 중심으로 항공 노선을 타고 삽시간에 캐나다, 베트남 등으로 퍼지면서 우리를 괴롭혔다. 바로 900명 이상의 목숨을 앗아간 사스 바이러스 이야기다. 세계 각국의 주식시장 폭락과 관광산업에 끼친 피해에서 보았듯이 사스는 천문학적인 재정 손실을 남겼다. 또 우리나라 국민을 비롯해서 지구에 살고 있는 모든 이에게 '나도 피해자가 될 수 있다'는 공포를 안겨 준 미생물이기도 했다. 이 책 『왜, 독감은 전쟁보다 독할까: 세계사를 바꾼 전염병들』은 사스 바이러스보다 수백 배의 파괴력으로 인류 역사의 흐름을 바꾸었던 병원균에 대한 이야기를 그림과 함께 알기 쉽게 다루고 있다.

　문화적 암흑기였던 중세 유럽을 변화시킨 원인 중의 하나는 바로 쥐를 통해 이동하는 세균, 페스트균에 의한 흑사병이었다. 이 병으로 인해 유럽 인구의 1/3이 사망하였고, 노동력 부족으로 인해 결국 봉건제도가 무너지게 되었다. 하지만 역사상 가장 많은 사람을 죽인 살인자는 바로 천연두를 일으키는 천연두 바이러스였다. 천연두는 너무나 효과적인 살인무기라 미생물이 인간에게 알려지기도 전에 이미 생물무기로 사용된 바 있다. 16세기 초 남미 아즈텍 제국의 금을 노리던 스페인 군대는 100대 1의 수적 열세를 극복하고 손쉽게 제국을 멸망시킬 수 있었다. 바로 스페인 병사 중 하나가 앓고 있던 천연두 바이러스 덕분이었다. 비슷하게 잉카 제국 인구의 1/3이 몰살했다. 물론 미생물이 침략자에게 무조건 좋은 일을 해 주었던 것만은 아니다. 황열병은 아프리카의 풍토병으로 모기가 옮기는 바이러스가 원인인 치명적인 전염병이다. 아프리카 원주민들은 이 미생물과는 나름대로 상생(相生)하는 관계를 유지하고 있었다. 그래서 주민의 일부는 어렸을 때 희생되지만, 나머지는 평생 면역을 가지고 안전하게 살아가게 된다.

16세기 아메리카 대륙의 광활한 식민지를 확보한 유럽인들은 노동력을 얻기 위해 아프리카로 향했다. 물론 많은 아메리카 원주민이 천연두 같은 새로운 전염병 때문에 쓰러진 것이 한 원인이었을 것이다. 천연두로 많은 이익을 본 유럽인들은 반대로 아프리카의 황열병에는 전혀 면역력을 가지고 있지 않았다. 많은 유럽인이 아프리카에 건설한 농장에서, 또는 노예를 싣고 가던 노예선에서 희생당했다. 침략자만을 공격했던 이 미생물로 인해 노예시장의 확보에는 많은 어려움이 있었다. 또 신세계로 옮겨간 황열병은 유럽인이 설탕 생산을 위해 만든 식민지를 초토화했다. 이런 유럽인의 열세는 식민지에서 노예의 수적 우세를 낳았고, 반란으로 이어졌다. 이에 결국 유럽 국가들의 노예제도는 그 수명을 다하게 되었다. 아프리카의 한 바이러스가 노예를 해방시킨 셈이다.

이 책에는 이외에도 인간에게 엄청난 충격을 주었던 콜레라, 결핵, 독감이 어떻게 세계 역사를 바꾸었는지를 친절하게 설명하고 있다. 이들 중 천연두처럼 우리가 지구상에서 완전히 몰아낸 미생물도 있지만, 세력이 쇠약해진 것 같다가도 다시 그 위세가 등등해지고 있는 미생물도 존재한다. 예를 들어 조류독감은 지금 당장 인류를 위협하는 가장 큰 공포가 되고 있다. 과연 미생물과의 전쟁에서 우리는 영원히 승리할 수 있을 것인가? 아니면 미생물이 결국은 우리 위에 군림할 것인가? 전염병에 대한 쉬운 입문서인 이 책을 통해, 여러분은 바로 그 질문에 대한 해답에 가까이 다가갈 수 있을 것이다. 왜냐하면 그 실마리는 미생물과 인류가 겪어 온 질곡(桎梏)의 역사 속에 숨어 있기 때문이다.

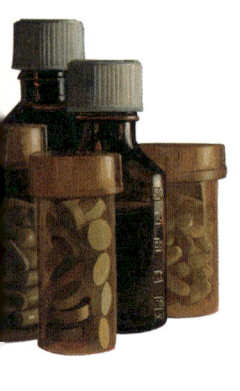

차례

추천사 • 5

1. 보이지 않는 손
미생물은 어떻게 인류의 역사를 바꾸었을까? • 11

2. 파편
흑사병은 어떻게 봉건제도를 강타했을까? • 19

3. 감염의 제국
천연두는 어떻게 세계를 정복했을까? • 35

4. 사업의 대가
황열병은 어떻게 노예제도를 폐지했을까? • 49

5. 가혹한 선생님
콜레라는 어떻게 도시를 쓸어 버렸을까? • 63

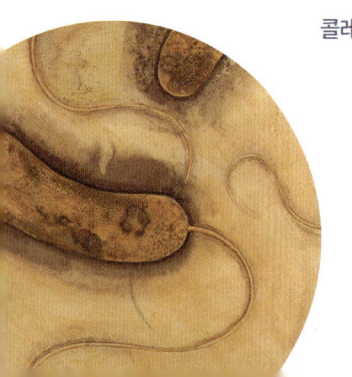

6. 죽은 희망
결핵은 어떻게 동경의 대상에서 악성 질병으로 전락했을까? · 79

7. 죽음의 보랏빛 시계
독감은 어떻게 제1차 세계대전의 승패를 갈랐을까? · 93

8. 붉은 여왕과 달리기
병원균은 어떻게 우리 삶을 달라지게 할까? · 109

용어 설명 · 126

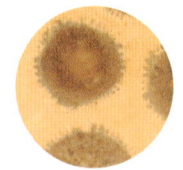

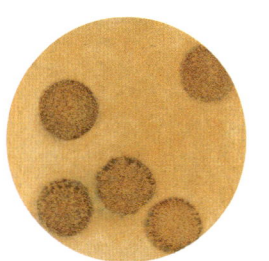

보이지 않는 손

미생물은 어떻게 인류의 역사를 바꾸었을까?

우리는 깨끗하고 순수한 자연 그대로의 모습으로 태어나지만 이런 상태는 오래 가지 못한다. 처음 혼자의 힘으로 숨을 쉬는 순간에 우리 몸은 여러 다른 생물들이 더불어 살아가며 모험하는 터전, 즉 숙주가 된다. 우리는 감염되는 것이다.

보이지 않는 손

미생물은 어떻게 인류의 역사를 바꾸었을까?

내부 침입자

우리는 깨끗하고 순수한 자연 그대로의 모습으로 태어나지만 이런 상태는 오래 가지 못한다. 처음 혼자의 힘으로 숨을 쉬는 순간에 우리 몸은 여러 다른 작은 생물들이 더불어 살아가며 모험하는 터전, 즉 숙주가 된다. 우리는 감염되는 것이다.

우리 몸에 침투한 이 작은 생물들은 '미생물'이라고 불린다. 이 생물들은 지름이 1마이크로미터(=0.0001mm)가 안 되어 육안으로 볼 수 없고, 대부분 단세포 박테리아다. 우리가 호흡하는 공기, 마시는 물, 만지는 물체, 먹는 음식을 통해 우리 몸으로 들어온다. 이 미생물들은 우리의 피부, 머리카락, 입, 눈, 귀 그리고 소화기관을 점령한다. 어른이 될 때쯤 우리 몸은 이 생물들을 1킬로그램 가량 지니게 되는데, 대부분 내장 속에 자리 잡고 있다. 숫자로 따지면 우리 몸에 있는 전체 세포 수의 95퍼센트를 차지하고, 그 수는 어림잡아 1경(=1만조) 개에 이른다.

하지만 이건 좋은 현상이다. 이 미생물들은 우리와 같이 살면서 서로 도움을 주고받는 '공생자'이기 때문이다. 우리가 생존하기 위해서는 미생물들의 협력이 필수적이다. 우리는 미생물을 외부로부터 보호하고 영양분을 준다. 미생물은 우리 몸 생태계의 균형을 유지하게 해 준다. 외부적으로 우리의 피부를 매끈하게 하고, 속눈썹을 다듬어 주고, 겨드랑이가 썩지 않게 한다. 내부적으로 음식물의 소화를 돕고, 필수 비타민을 합성하여 공급하고, 우리를 질병에서 보호해 준다. 이 미생물이 없다면 우리는 건강을 유지할 수 없다.

미생물의 생활방식

물론 공생하지 않는 미생물도 많다. 어떤 미생물은 우리처럼 독립적인 생활을 한다. 이들은 흙, 숲길, 대양과 개울, 부엌 조리대, 화장실 등에서 꾸물거리며 혼자의 힘으로 살아간다. 극지방의 황무지, 화산 입구, 원자로, 화학연료처럼 다른 생물체가 살 수 없는 극한 환경에서 살아가는 미생물도 있다. 그것들은 우리에게 아무런 해도 주지 않은 채 스스로 번식하고 죽는다.

하지만 대부분의 미생물은 도움을 주지도 우호적이지도 않고, 공생하지도 독립적이지도 않다. 이 미생물들은 다른 생물에 기생Parasite하여 살아간다. 우리의 몸 안이나 위에서 거주하면서 우리에게 해를 끼친다. 기생은 원래 모욕적인 뜻이 아니었다. 고대 그리스에서 신전의 축제에 봉사하는(기생은 '음식 옆에'라는 뜻) 종교인을 가리켰다. 하지만 몇 세기가 지나면서 연회 주최자에게 아첨하고 즐거움을 주는 전문 하객을 뜻하는 말로 바뀌었다. 결국은 주는 것 없이 가져가기만 하는 생물체를 일컫는 말이 되었다. 우리 몸에 기생하는 미생물은 '우리'를 잔칫상으로 삼는다. 가끔은 우리 음식이나 에너지를 훔쳐 간다. 가끔은 우리의 생활방식을 바꾸어 자신들의 생존을 보장받는다. 또 가끔은 우리를 아프게 하거나 죽게 만들기도 한다. 이러한 기생 미생물에는 박테리아(세균)와 더 복잡한 단세포 생물인 원생동물 외에 다세포 기생충과 디스토마가 포함된다. 또한 생물과 무생물의 중간 단계로 생각되는 작은 생물체인 바이러스도 여기에 속한다. 바이러스는 우리 몸에 침투해 우리의 세포를 연료로 삼아 번식하고 살아간다.

병든 사회

기생 미생물은 개개인의 삶뿐 아니라 때로 사회 전체를 바꿔 놓을 정도로 위력적이다. 사람들이 적당한 수로 가까이 모여 살고 다른 조건들이 맞으면, 감염성 미생물(곧 병원균)은 사람들을 통해 넓게 퍼질 수 있다. 이렇게 질병이 지역 사회에서 유행하는 것은 '유행병'Epidemic이라고 불리며, 인간의 문명만큼이나 그 역사가 아주 오래되었다. 중국을 휩쓴 유행병 304가지를 기록한 목록은 기원전 243년에 시작해 서기 1911년에 끝난다. 어떤 유행병은 뜨거운 여름날의 들불처럼 몇 달 동안 일시적으로 많은 사람들에게 발생하다가 결국 다음 계절이 오기 전에 자신도 타서 소멸되어 버린다. 또 어떤 유행병은 빙하처럼 서서히 수십 년에 걸쳐 많은 사람들을 발병하게 해 자신들의 길을 새겨 놓는다. 어떤 병이 특히 위력적이어서 대륙 또는 전 세계로 유행 범위가 확대되면, 그것은 '범

(凡)유행병'Pandemic으로 분류된다. 어떤 병원균이 한 지방에 정착해 영구적으로 머무르게 되면, 그것은 '풍토병'Endemic으로 분류된다.

전염 속도가 빠르든 느리든, 유행병, 범유행병 또는 풍토병으로 분류되든 간에 이런 전염병들은 우리 사회에 때로는 엄청나고 급격한 변화를 몰고 올 수 있다. 권력을 개편할 수도 있고, 더 큰 공동의 이익을 가져올 수도 있고, 아니면 현 지배계층의 지위를 더욱 공고히 할 수도 있다. 전염병 때문에 생사의 문제뿐 아니라 승패, 부와 가난, 사상의 인기와 몰락이 가름될 수도 있다. 유행병이 없었다면, 지구는 아주 다른 세상이 되었을 것이다.

이 책 『왜, 독감은 전쟁보다 독할까』는 인류 사회를 바꾼 유행병에 관한 이야기다. 역사를 통틀어 발생했던 수천 개의 유행병 중에서 가장 특별한 6개에 초점을 맞추었다. 흑사병(페스트), 천연두, 결핵, 콜레라, 황열병, 독감(인플루엔자)이 그것이다. 각 장을 통해 전염병의 기원, 확산, 처우와 치료법, 그리고 가장 큰 영향을 미쳤던 사례에 대해 알게 될 것이다. 이 전염병들은 지구상에서 가장 무서운 살인마들이었다. 어떤 전염병은 지금도 그렇다. 우리가 생각하고 행동하는 방식을 변화시키는 데 결정적인 역할을 해 오고 있다.

진실은 미세한 곳에

또 하나! 질병이 어떻게 사회를 바꾸었는지 살펴보면 과학이 어떻게 발전해 왔는지도 알 수 있다. 미생물이 질병의 확산에 어떤 역할을 하는지 알게 되기까지 사람들은 불완전하고 뒤얽힌 발견의 여정을 느리게

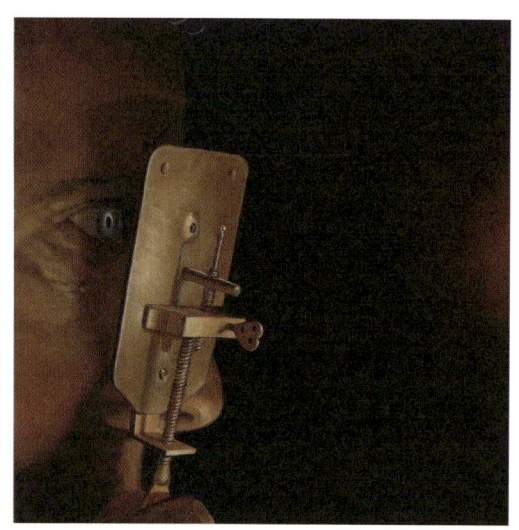

안토니 반 레이우엔훅은 최초로
박테리아를 발견하고 설명한 사람이다.

지나야만 했다. 길을 잘못 들기도 하고, 험한 골짜기에 갇히기도 하고, 앞이 캄캄한 어둠 속에서 오솔길을 걷기도 했다.

오늘날에는 당연하게 생각하는 전염병에 대한 단순한 진실을 밝혀 내기 위해 수천 명의 사람들이 수 세기 동안 연구를 거듭했다. 유행병의 역사에 등장하는 무수한 이름 중에서 몇 사람은 탁월한 활약을 했다. 이 중 가장 먼저 등장한 사람이 이탈리아의 의사 지롤라모 프라카스토로(1478~1553)이다. 그는 1500년대 초에 작고 보이지 않는 '세미나리아 콘타지움'seminaria contagium(전염의 씨앗)이 병을 옮길 수 있다고 추측했다. 더 유명한 사람으로는 네덜란드의 직물 상인이자 아마추어 렌즈 연마공인 안토니 반 레이우엔훅(1632~1723)이 있다. 그는 1674년에 자신이 직접 만든 현미경을 통해 최초로 미생물을 관찰하여 이전에 보이지 않던 미세한 존재를 설명해 냈다. 그는 이 새로운 생물체를 '극미동물'Animalcules이라고 불렀다. 그러나 안타깝게도 그것을 질병에 연결시키지 못했다.

레이우엔훅 이후 2세기가 지났지만 사람들은 여전히 미생물이 질병을 일으킨다고는 생각하지 못했다. 미생물의 존재와 미생물이 상처에 나타난다는 사실은 알고 있었다. 하지만 미생물을 질병의 부작용으로만 여겼을 뿐이다. 1865년에 드디어 프랑스의 화학자 루이 파스퇴르

(1822~1895)가 결정적인 돌파구를 발견했다. 미생물이 감염을 일으킨다는 사실을 증명해 낸 것이다. 그는 이 미생물을 '세균'germ이라고 불렀다. 세균에 의해 병이 일어난다는 파스퇴르의 '세균병원설'은 어떻게 질병에 걸리고 질병이 퍼져 나가는지 이해하는 문을 열었다. 그가 개발한, 열을 가함으로써 병원균을 죽이는 방법(저온살균pasteurization)은 아직도 음식물을 보존하는 데 쓰이고 있다. 1884년에는 파스퇴르의 경쟁자인 독일의 의사 로베르트 코흐(1843~1910)가 미생물과 질병의 상관관계를 시험하는 방법을 개발했다. 오늘날에도 코흐가 개발한 시험방법은 감염에 관한 세균학 연구의 기초로 남아 있다.

이후 수십 년 동안 코흐와 파스퇴르, 그들의 제자와 경쟁자는 전염병의 비밀을 알아내기 위해 치열하게 다투었다. 한계를 넘으려는 이 탐구자들의 노력으로 후대의 과학자들은 의학의 기적을 이룰 수 있었다. 항생제와 백신, 조직 이식과 유전자 치료법, 신생아 사망률 하락과 인구 증가 등. 과학자들의 꾸준한 연구를 통해 병원균은 서서히 베일이 걷히고 우리의 지식은 바뀌게 된 것이다. 우리의 운명을 이끄는 '보이지 않는 손'을 찾고 있는가? 경제에서 추적할 수도 있고, 성경에서도 발견할 수도 있고, 하늘에 펼쳐진 웅장한 별들에서도 그것을 감지할 수 있다. 그러나 또 하나의 진실, 다른 진실, 그리고 더 미세한 진실이 있다. 그것은 생각보다 우리 가까이에 있다. 현미경으로 들여다보기만 하면 된다.

파편

흑사병은 어떻게 봉건제도를 강타했을까?

범유행병은 전쟁이나 자연재해가 휩쓸었을 때처럼 인간 사회가 얼마나 쉽게 부서질 수 있는지를 보여준다. 압박을 받으면 가장 견고하고 안정적인 사회 구조도 깨어질 수 있다. 14세기의 유럽 사회가 바로 이런 상태에 있었다. 당시 유럽은 사회계층 간 불평등이 심각한데다가 계층 간 이동이 꽉 막힌 경직된 분위기에 있었다.

파편

흑사병은 어떻게 봉건제도를 강타했을까?

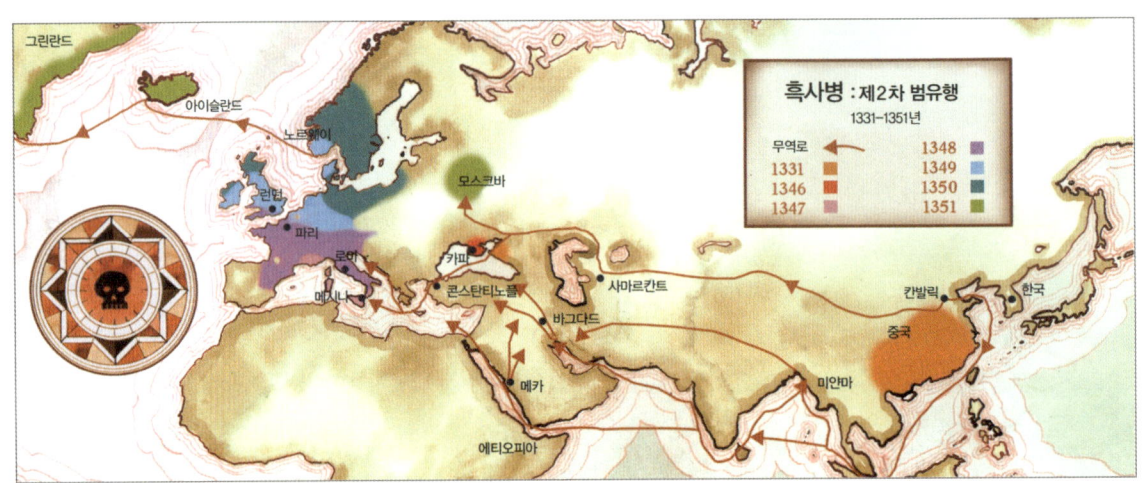

말세

범유행병은 전쟁이나 자연재해가 휩쓸었을 때처럼 인간 사회가 얼마나 쉽게 부서질 수 있는지를 보여 준다. 압박을 받으면 가장 견고하고 안정적인 사회 구조도 산산이 깨질 수 있다. 14세기의 유럽 사회가 바로 이런 상태에 있었다. 당시 유럽은 사회계층 간 불평등이 심각한데다가 계층 간 이동이 꽉 막힌 경직된 분위기에 있었다. 지난 천 년 동안 유럽인들은 봉건귀족과 가톨릭교회라는 두 권력층의 압제에 시달리고 있었다. 제3의 권력층인 기사들의 억압도 결코 뒤지지 않았다. 이 세 권력층이 모든

흑사병으로부터 자신을 보호하기 위해 의사들은 특별한 복장을 했다. 밀랍을 입힌 린넨 옷, 챙이 넓은 모자와 장갑, 유리 렌즈와 죽어 가는 환자의 악취를 막기 위해 식초에 적신 옷감과 향신료로 가득 채운 긴 부리가 달린 마스크를 착용했다. 의사들은 주로 상처를 내 피가 흘러 나가게 하는 방법을 사용해 환자를 치료했다.

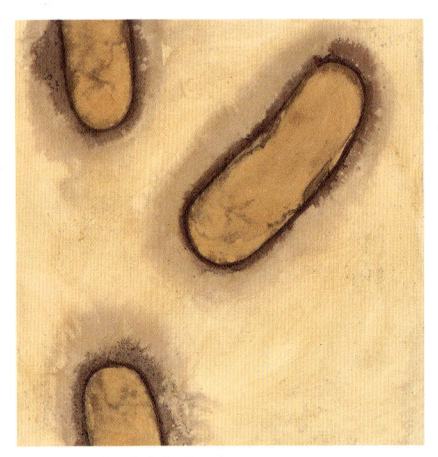
페스트균(예르시니아 페스티스)

부를 통제하고, 모든 땅을 소유하고, 모든 법률의 제정권을 갖고, 모든 지식의 문지기 역할을 했다. 그들은 못 벌고, 못 살고, 못 읽는 농노들을 지배하고 일을 시켰다. 당시 탐구정신과 독창성을 발휘해 황금시대를 열었던 이슬람이나 아시아를 넘어 유럽 대륙을 평정한 몽골 제국과 비교했을 때, 유럽은 벽지의 시골 마을에 지나지 않았다.

하지만 1346년에 새로운 질병이 도래하면서 유럽의 상황은 돌변했다. 유행병은 지중해에서 스칸디나비아까지 활 모양을 그리며 유럽을 휩쓸고 지나갔다. 이 병에 걸린 환자들은 오한, 고열에 시달리다가 구역질나는 악취를 발산하는 고통스러운 검은 자국을 남겼다. 병을 앓던 환자의 절반은 고통에 시달리다가 죽음에 이르렀다. 그래서 이 병을 떼죽음, 역병, 페스트라고 불렀다. 우리는 그것을 흑사병이라고 부른다. 흑사병은 4년 만에 유럽 인구의 1/3을 죽음으로 내몰았다. 이후 유럽을 휩쓴 어떤 유행병도 흑사병만큼 위력적이지 않았다. 유럽의 사회 구조 전체에 틈새가 더 많아지고 변화의 가능성이 높아졌다. 소작농 인구가 줄어들면서 임금은 상승했다. 소비가 줄어들면서 물가는 하락했다. 시골과 도시에서 새로 부상한 중산계층이 죽은 사람들이 남긴 땅과 사업과 부를 싼 값으로 끌어 모았다. 이러한 경제 변혁이 다른 분야들에 기폭제 역할을 했다. 법은 새로운 질서를 받아들였고, 예술은 사람들의 공포심을 반영하고 새로운 부를 과시했고, 무역은 훨씬 더 많은 부를 축적해 갔다. 교회에서는 재난으로 인해 뼈대만 앙상하게 남은 정통주의가 밀리면서 의문, 날조, 이단 논쟁, 전쟁이 발생했고 결국 기독교는 여러 교파로 분리되었다. 지배층과 귀족 사회는 흑사병으로 인해 사회적, 경제적, 정치적으로 심각한 타격을 입었다. 그들의 권력은 조금씩 다른 곳으로 새어 나갔고 다시는 회복할 수 없게 되었다.

믿음을 사수하라

흑사병이 도래하기 전에 유럽은 이미 온갖 문제들로 골치를 앓고 있었다. 14세기에 접어들면서 유럽의 인구는 7천 3백만 명으로 증가했다. 도시는 혼잡하고 더러운 오물로 가득했고, 목욕을 하지 못한 사람들로 득시글거렸다. 하수도가 부족했고, 생활 쓰레기는 길에 쌓여 썩어가거나 강에 내던져졌다. 1280년 무렵 설상가상으로 기온이 떨어지기 시작했다. 여름은 더욱 짧아지고, 겨울은 더욱 가혹해지고, 수확은 더욱 줄어들었다. 숲은 거의 모든 나무들이 잘려 나갔다. 더 이상 경작지를 개간할 수 없었다. 사람들은 굶주리기 시작했다. 염세주의와 종교적 박해 행위가 늘어났다.

변화된 현실을 사람들은 따라가지 못했다. 교회는 여전히 개혁과 독자적인 사상을 허용하지 않았다. 성직자들은 교황에 대한 무조건적인 충성과 정통 기독교 교리에 대한 믿음을 강화해야 했다. 모든 인간은 원죄를 가지고 태어나므로 가혹한 삶을 견뎌 내야 한다고 설교했다. 기독교 신자들은 이런 교리에서 감히 벗어나지 못했다. 아니면 교회에서 영원히 쫓겨나는 파문이나 그 이상의 징벌을 감수해야 했기 때문이다.

의학 지식 또한 제자리걸음을 하고 있었다. 1300년 이후 교황 보니파키우스 8세(1294~1303 재위)는 인체 해부를 전면적으로 금지했다(대신 돼지가 사용되었다). 인체 해부학은 여전히 비밀에 쌓여 있었다. 인간의 몸속에 있는 수많은 기관들의 기능뿐만 아니라, 심지어 혈액순환도 알려지지 않았다. 의사들은 여전히 천 년도 더 된 낡은 지식에 의존해야 했다. 이 지식들은 기원전 5세기 그리스의 의학자 히포크라테스와 기원후 2세기에 그의 추종자이자 로마의 의학자 갈레노스가 세웠다. 두 의학자는 질병이 '체액'의 불균형에 의해 생긴다고 믿었다. 예를 들어, 열은 혈액이 뜨거워져서 발생한다고 생각했다. 이를 치료하기 위해서는 정맥절개술 즉 정맥을 째고 피를 내는 방혈을 해야 한다고 처방했다. 하지만 이러한 치료법은 전염병에 맞서기에는 역부족이었다. 의사들은 모든 방법을 동원해 최선을 다했지만, 죽어가는 환자들을 지켜볼 도리밖에 없었다.

세균 전쟁

흑사병은 1331년 중앙아시아에서 발생해, 미얀마에서 귀환 중에 감염된 몽골 군대를 통해 유럽에 전파된 것으로 추정되고 있다. 1346년에 수백만 명의 사람들을 죽인 이 유행병이 실크로드를 따라 군대와 무역상을 통해 흑해의 크림반도에 도달했다. 당시 그곳에서는 타타르인들이 항구도시 카파를 점령하기 위해 치열한 전투를 벌이고 있었다. 도시의 방어벽을 뚫기 위해 타타르 군대는 성 안으로 흑사병으로 죽은 시체를 투석기로 쏘아 올렸다. 그곳에서 무역을 하던 제노바 상인들은 배를 타고 시칠리아 섬의 메시나로 도망쳤다. 병들어 죽어 가던 이들이 1347년 10월에 시칠리아에 도착하면서 역병은 이탈리아 반도로 퍼져 나갔다.

  흑사병은 유럽의 거의 모든 지역에 퍼져 나갔고, 죽은 병자를 묻을 겨를도 없이 새로운 사람들이 계속 죽음으로 내몰렸다. 이탈리아 피사에서는 하루에 500명이 죽었다. 프랑스 파리에서는 하루에 800명이, 오스트리아 빈에서는 600명이 죽었다. 프랑스 아비뇽에서는 묘지가 가득 차자 시체들을 론 강으로 던졌다. 보르도에서는 썩어 가는 시체들이 부두와 길거리에 쌓였다. 1348년 12월에 유행병이 영국에 도착했다. 영국의 공동묘지도 시체들로 넘쳐 났다. 그리고 곧 노르웨이, 스웨덴, 덴마크, 프로이센, 아이슬란드 그리고 북극에 가까운 그린란드까지 퍼지게 되었다. 1351년에 유행병이 마침내 근절된 것처럼 보였을 때, 교황 클레멘트 6세의 사제들은 2,384만 명이 전염병으로 사망했다고 추정했다. 당시 유럽 인구의 1/3이 이 질병으로 죽었던 것이다.

죽음의 균

  흑사병은 어떤 병일까? 흑사병은 일반적으로 설치류를 통해 사람에게 전염되는 가래톳페스트(페스트균에 감염되어 림프샘이 붓고 아픈 것-옮긴이)라고 설명된다. 그 전까지 흑사병은 남아시아와 동아프리카의 고립된 산악지대에 사는 쥐들에게서만 나타났다. 전쟁이나 무역과 같은 인간의 활동이 이런 오래된 병원소(병원균이 생활하고 증식하며 인간에 전파될 수 있는 상태로서 저장되어 있는 장소-옮긴이)를 흔들면서 역병은 울타리를 벗어나고 말았다. 542년 유스티니아누스 시대에 지중해를 강타한 역병도, 아프리카의 에티오피아에서 돌아온 로마 군인들을 따라 들어온 병도 페스

역사가들은 가래톳페스트를 일으키는 박테리아가 검은 쥐에 기생하는 벼룩을 통해 중앙시아에서 배에 실려 유럽으로 건너왔다고 믿는다. 이 쥐들이 확산되면서 흑사병도 퍼져 갔다는 것이다.

트로 추정된다. 로마 제국은 이전의 영화를 회복하지 못했고 유럽의 패권은 북쪽으로 넘어갔다. 1세기 후에는 이슬람이 지중해 동부 지역을 점령했다. 세계보건기구(WHO)는 이것을 흑사병의 제1차 범유행기라고 부른다. 흑사병의 제2차 범유행기는 300년 이상 지속되었다. 1500년대에 흑사병은 여러 번 발생했는데, 1664년부터 1666년까지 범유행병으로 런던을 강타했고, 마침내 1750년대에 스러졌다.

흑사병은 페스트균, 곧 예르시니아 페스티스에 감염되어 발병한다. 이 균의 명칭은 1894년에 병원균을 발견한 파스퇴르의 제자인 알렉산더 예르신에게서 딴 것이다. 예르시니아 페스티스는 쥐류의 피를 빨아 먹는 벼룩에 사는 기생충이다. 말하자면 벼룩과 쥐류가 이 질병을 옮기는 '매개체'vector인 것이다. 흑사병의 전염 경로를 살펴보자. 우선 감염된 벼룩이 쥐류 숙주에서 뛰쳐나와 사람을 물게 되면, 그 상처를 통해 수천 개의 전염병 박테리아가 사람의 몸속으로 침입한다. 이 박테리아는 사타구니와 겨드랑이에 있는 림프샘으로 흘러가서 세포를 죽이는 독소를 분비하게 된다. 이 침입자를 박멸시키기 위해 우리 몸의 면역계가 작동을 하는데, 커다랗고 벌겋게 부어오르는 가래톳이 생기게 한다(사타구니를 뜻하는 그리스어 '부본'boubon에서 '가래톳페스트'bubonic plague라는 용어가 유래했다). 하지만 이것은 흑사병의 가장 나쁜 증상은 아니다. 흑사병 환자들은 발열, 구토, 몇 차례의 설사, 호흡 곤란 등으로 괴로워하다가 죽게 된다. 박테리아가 폐로 옮겨가면(폐페스트) 사망률은 훨씬 높아진다. 이 환자들은 혈담과 객혈 등의 증상이 나타나고 몇 시간 안에 사망하고 만다.

약탈, 비난, 고행

흑사병을 겪은 유럽인들은 병의 원인에 대해 전혀 알지 못했지만, 몇 가지 황당한 억측이 떠돌았다. 어떤 사람들은 지진에 의해 땅에서 방출되는 '독가스'miasma가 병을 일으킨다고 믿었다. 독가스를 피하기 위해 사람들은 집안에 바리케이드를 치거나(교황 클레멘트 6세도 이렇게 했다), 시골로 피신했다. 또 다른 사람들은 행성들의 악한 기운에 의해 발생한다고 생각했다. 당시는 점성술이 매우 진지하게 여겨지던 시대였다. 그 무렵 이례적으로 토성과 목성, 화성이 물병자리궁에 일직선으로 나란히 있는 나쁜 징조가 나타났다. 사방에 널린 오물을 먹고 사는 쥐떼나 사람들

을 괴롭히는 벼룩이 범인이라고는 누구도 상상하지 못했다. 불쾌한 악취처럼 쥐나 벼룩은 그저 일상생활 속의 골칫거리로만 생각했다.

베네치아 시의 공무원들은 전염병의 전파 속도를 늦추기 위해 예수가 광야에서 금식한 기간을 본떠 '40일'quaranta giorni 제도를 마련했다(여기에서 '검역'quarantine이라는 단어가 나왔다!). 새로 항구에 들어온 배는 40일 동안 격리되었다. 승객들이 시민들과 섞이기 전에 배에 실려 온 유행병이 스스로 타서 없어지도록 하기 위해서였다. 이 질병을 치료하기 위해 의사들은 환자의 몸에 상처를 내 피가 흘러나오게 하고, 고통을 덜어 주기 위해 사타구니의 고름을 짜냈다. 성직자들은 기도를 통해 병자들을 돌보았다.

채찍질 고행단은 흑사병이 휩쓸던 시기에 유럽에 널리 퍼진 기독교 운동이다. 이들은 충성을 맹세한 우두머리를 따라 마을에서 마을로 무리를 지어 행진을 했다. 그들은 고깔을 써 자신들을 구별했고 뾰족한 쇠로 된 징이 박힌 채찍으로 자신의 몸을 피나도록 때림으로써 신의 용서를 구했다.

과연 이 떼죽음이 언제 멈출지 아무도 알지 못했다. 일부 기독교인들은 오래 전에 「계시록」에 예언된 말세, 즉 예수의 재림과 함께 나타나는 대참사라고 확신했다. 어떤 사람들은 타락의 길로 빠졌다. 모여 진탕 놀거나 심지어 강도나 살인을 저지르기도 했다. 독일에서는 점점 많은 사람들이 채찍질 고행단에 합류했다. 이 단체의 추종자들은 쇠로 된 징이 박힌 채찍으로 스스로를 피나도록 때림으로써 신의 용서를 구했다. 1350년에 채찍질 고행단은 교황의 명령에 의해 강제로 해산되었지만, 이미 유럽의 끊이지 않는 전염병을 유대인 탓으로 지목한 후였다. 유대인들이 우물에 독을 타서 전염병을 일으켰다고 모함했다.

당시 유대인들은 시민권이 없었던 데다가 기독교로의 개종을 거부한 까닭에 멸시와 핍박을 당하고 있었다. 이탈리아의 신학자 토마스 아퀴나스(1225~1274)는 유대인을 "교회의 노예들"이라고 불렀다. 1205년에 교황 이노켄티우스 3세(1198~1216)는 예수의 죽음에 그들이 했던 역할을 구실로 영구 노역을 강요했다. 그러나 유대인들은 기독교 경제에 반드시 필요한 일원이었다. 그들은 직업을 가질 수 없었지만 이자를 붙여 돈을 빌려줄 수는 있었다(기독교인들에게는 이 직업이 금지되었다). 그들은 상당한 세금을 물었기에 사람들에게 돈을 빌려 줄 때 엄청나게 비싼 이자를 받았다. 고리대금업을 통해 유대인들은 엄청난 부를 쌓아 갔고, 시민들은 사회의 불안을 지도자들이 아닌 이들의 탓으로 돌렸다.

그 시절에 유대인들을 공격하도록 기독교인 폭도들을 선동하는 일은 어렵지 않았다. 유럽에서 유대인들은 거의 해마다 부활절 주에 공격을 받았다. 다른 때도 유대인의 살인 사건이 드물지 않게 벌어졌다. 그러나 전염병으로 인한 떼죽음은 유대인들에게 지금껏 겪은 어떤 것보다 더 광범위하고 가혹한 박해를 가져왔다. 1348년과 1349년에 유럽의 기독교인들은 수천 명의 유대인들을 감금하고, 고문하고, 화형에 처하고, 추방했다. 교황 클레멘트 6세를 비롯해 많은 지도자들이 이러한 행동을 비난했다. 그러나 유대인 고리대금업자에게 상당한 돈을 빌려 쓴 권력층들은 그러한 공격을 부추김으로써 자신들의 빚을 사실상 청산했다. 전염병이 끝난 후에 유대인에게 몰수한 재산은 몇몇 비유대인의 부의 기반이 되었다. 약탈은 전염병이 사회를 바꾼 방식 중 하나이기도 했다.

자본주의의 태동

역병으로 인해 봉건사회가 붕괴된 자리에 자본주의의 싹이 돋아나기 시작했다. 노동력이 감소하면서 농민들의 지위가 향상되었다. 더 이상 농민들은 특정한 영지에 매이지 않고 자신이 원하는 곳, 임금이 가장 높은 곳에서 일할 수 있었다. 분노한 지배층은 법률로 임금 인상을 억누르려 했지만, 일손이 부족한 영주들은 따르지 않았다. 당국이 엄하게 다스리려 하자 농민들은 반란을 일으켰다. 영국에서 이들의 힘은 정부를 타도할 정도로 커졌다.

임금이 오르자 농민들은 잘 먹게 되고, 은그릇을 사용하고, 더 좋은 옷을 입고, 더 큰 집으로 이사할 수 있었다. 하지만 대다수의 사람들에게 이런 변화는 오래가지 못했다. 얼마 지나지 않아 농민들은 다시 가난해졌다. 그러나 상인, 무역업자, 은행가 등 소수의 사람들에게는 역병 이후의 혼란이 오히려 지위를 상승할 수 있는 기회를 주었다. 약삭빠르고 기회주의적이고 냉정한 사람들은 이전에는 몇 세대에 걸쳐 획득했던 부를 몇 년 만에 축적할 수 있었다. 이러한 신흥 권력층 사이에서 지위와 권력은 땅, 지위, 혈연관계가 아니라 돈에 의해 결정되었다.

상인들의 지위가 올라갈수록 귀족들의 재산은 줄어들었다. 수많은 귀족 가문이 역병 때문에 궁핍해지거나 몰살되었다. 또한 몰살된 귀족의 상속권 때문에 혼란에 빠졌다. 누가 진짜 상속자인지를 가려내기 위한 재판이 변호사를 끼고 수년간 지속되었다. 이런 분쟁 때문에 부동산법이 생겨났고, 오늘날에도 사용하는 소송 방식이 발전되었다.

경제적 차별이 약화되면서 사회적 차별은 오히려 심화되었다. 귀족들은 지위를 과시하기 위해 옷을 더 화려하게 입었다. 반면에 평민이 어떤 옷을 입어야 하는지를 규정한 '사치 금지법'을 제정해 신흥 부유층이 자신들보다 더 잘 입고 먹지 못하게 했다. 또한 귀족들은 이들을 경멸했다. 그럼에도 상인 계층은 자신들의 자리를 넓혀 갔다. 얼마 지나지 않아 귀족들보다 더 부유해졌다. 세계 무역과 도시가 확장되면서 자본가, 은행가, 그리고 무역업자의 입지가 점점 더 우세해졌기 때문이다. 시간이 흐르면(우리 시대가 되면) 그들은 정부보다 더 강력해질 것이다.

멀지 않은 곳에

교회도 의학도 역병에 대한 적절한 해결책을 내놓지 못했다. 죄인이나 신자나 똑같이 죽었다. 죽은 자들 중에는 캔터베리의 주교 3인, 교황청의 추기경 7인, 그리고 수많은 성직자들이 있었다. 이런 대규모의 사망으로 교회의 권위는 추락했다. 교회는 더 이상 지식을 독점할 수 없게 되었다. 교회의 공식어인 라틴어 역시 쇠퇴에 접어들었다. 나라마다 자국어(영어, 프랑스어, 독일어, 이탈리아어)가 번창했다. 죽음, 쇠퇴, 죄 그리고 지옥의 고통을 강조하는 염세주의적 예술양식도 성행했다. 새로운 종교 사상들이 퍼졌고, 마침내 종교개혁과 계몽주의의 합리적 사고방식을 이끌어 냈다. 어떤 사람들에게 이것은 신 전체를 부정한다는 뜻이기도 했다.

결국 가톨릭교회는 변화를 받아들이기로 했다. 1348년 교황 클레멘트 6세는 인체 해부 금지령을 철폐했고 의사들은 흑사병의 원인을 알아내려는 시도를 할 수 있게 되었다. 바야흐로 현대 의학의 시대가 시작된 것이다. 1965년 교회는 공식 문서를 통해 예수의 죽음을 유대인들 탓이라고 모함하는 것을 그만두었다. 흑사병 이후 600년이 지난 후의 늦은 고백으로, 봉건시대의 희생양에 대한 필요가 사라졌기 때문이다. 자본주의와 계층 간 이동이 자유로운 역동적인 사회가 이제 시작되고 있었던 것이다.

  흑사병이 가져온 문화적, 경제적, 정치적, 과학적인 변화는 그때부터 현재까지 내려오고 있지만, 병 자체는 사라지지 않았다. 제3차 흑사병 범유행이 1894년 홍콩에서 시작되었고 아직도 끝나지 않았다. 처음에 배를 타고 온 쥐들이 전 세계의 쥐류에 페스트균을 퍼뜨렸다. 시베리아에 사는 마모트부터 아메리카 대륙의 다람쥐와 프레리도그(다람쥐과의 작은 동물로 울음소리가 개와 비슷하다-옮긴이)에 이르기까지 감염되었다. 지금까지 3차 범유행으로 인한 사망자는 대략 1천 3백만 명가량인데, 대부분 20세기 초에 죽었다. 범유행은 사그라들고 있지만, 정신을 바짝 차리고 재빨리 대처할 때만 가능하다. 감염된 쥐류를 근절하면 병의 발생을 통제할 수 있고, 환자들은 항생제로 치료될 수 있다. 1994년에 인도에서 발생한 페스트는 이런 방식으로 근절되었다.

  하지만 1995년에 모든 항생제에 내성을 지닌 변종 페스트균이 마다가스카르에서 출현했다. 2004년에는 투르크메니스탄의 사막에 서식하는 게르빌루스쥐(모래쥐) 사이에서 페스트가 발생했다. 당시 이 나라는 제대로 된 의료 체계가 전혀 없고 유능한 외국인 의사들을 모조리 해고한 통치자가 다스리고 있었다. 정부의 통제를 받은 언론은 그 전염병에 대해 전혀 언급할 수 없었기 때문에 얼마나 많은 사람들이 병에 걸렸고 죽었는지는 확실하지 않다. 이 병이 근절될지 아니면 더 확산될지는 아직 지켜봐야 한다.

이렇게 세계를 휩쓴 흑사병과 이 병이 인류에게 끼친 영향은 여러분에게 먼 옛날의 악몽으로 느껴질 수도 있다. 하지만 악몽은 여전히 계속되고 있다.

감염의 제국

천연두는 어떻게 세계를 정복했을까?

1492년에 스페인으로 향한 문 하나가 닫히고 세상을 향한 다른 문이 열렸다. 그 해 1월에 페르디난드 왕과 이사벨라 여왕의 연합군은 이슬람교도들의 마지막 보루였던 그라나다 왕국을 무너뜨리고 스페인 왕국의 통일을 이루어 냈다.

감염의 제국

천연두는 어떻게 세계를 정복했을까?

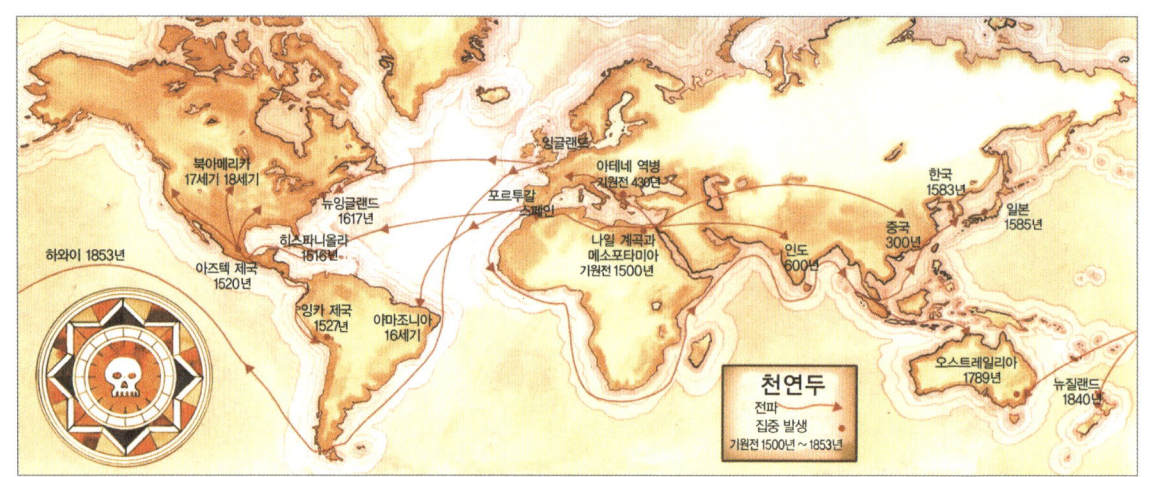

탐험의 시대

1492년에 스페인으로 향한 문 하나가 닫히고 세상을 향한 다른 문이 열렸다. 그 해 1월에 페르디난드 왕과 이사벨라 여왕의 연합군은 이슬람교도들의 마지막 보루였던 그라나다 왕국을 무너뜨리고 스페인 왕국의 통일을 이루어 냈다. 3월에는 기독교로 개종하지 않은 유대인은 3달 안에 모든 재산과 귀금속을 두고 떠나라는 추방령이 공포되었다. 이 두 가지 사건으로 스페인의 황금시대를 열었던 종교적 관용과 지적 명쾌함, 기독교와 유대교, 이슬람이 상생하는 콘비벤시아(공존)는 사실상 사라지

천연두는 유럽 식민지 개척자들의 도착에 앞서 아메리카 대륙의 원주민을 몰살하고 북아메리카로 돌진했다. 북서태평양에서 푸젯 사운드의 아메리카 원주민 마을들은 조지 밴쿠버가 영국을 위해 땅을 탐험하러 오기도 전에 전멸을 당했다.

고 말았다. 터키의 술탄 베야지트 2세는 자신의 왕국으로 몰려오는 유대인들을 보며 말했다. "페르디난드가 나의 왕국을 부유하게 만들려고 자신의 왕국을 가난하게 한다면, 누가 페르디난드를 일컬어 지혜롭다 하겠는가?" 8월에 스페인 왕과 여왕은 또 다른 계획에 착수했다. 크리스토퍼 콜럼버스가 인도를 향해 용감무쌍하게 항해를 시작한 것이다. 탐험의 대가로 콜럼버스는 대양의 제독이라는 칭호, 문장(紋章), 그리고 이익의 10퍼센트를 요구했다. 금, 노예, 기독교 개종자, 그리고 바다 너머 새로운 땅에 대한 콜럼버스의 약속은 스페인 제국과 유럽 지배의 시작, 그리고 질병의 세계화를 뜻했다.

콜럼버스 이전에도 많은 탐험가들이 나섰지만, 1492년은 그야말로 탐험의 시대가 열렸다. 그 해에 유럽 열강의 식민지 개척에 의한 세계적인 변화가 시작되었고, 이것은 오랫동안 지속되었다. 유럽의 여러 나라 사이에서 발견과 제국의 확장을 향한 유례없는 경쟁에 불이 붙었다. 대서양을 횡단하는 노예무역의 문이 열렸다(콜럼버스는 최고의 노예상인으로서, 아메리카 대륙에서 누구보다 많은 사람들을 유출했다). 또한 새로운 정치사상과 신대륙의 풍부한 음식이 유럽인들의 눈앞에 펼쳐졌다. 가장 중요한 것은, 그 해에 역사상 가장 무시무시한 미생물의 공격이 행해졌다는 것이다!

작은 전사들

콜럼버스와 그의 뒤를 따라 몰려온 유럽인들은 몇 가지 점에서 원주민들보다 유리했다. 대양을 항해할 수 있는 선박을 비롯해 발달된 항해술과 치명적인 총기가 있었고, 자신들의 문화와 종교적 우월성에 대한 확고한 신념이 있었다. 하지만 이것만으로 신대륙을 정복해 손아귀에 넣을 수 없었다. 유럽인들에 비해 원주민은 수가 훨씬 더 많았다. 탐험가들은 종종 병들고 굶주린 채 도착했다. 생존을 위해서는 일단 원주민의 환대에 기대야 했다. 유럽인들이 자신들을 노예로 삼고 땅을 훔치려 한다는 사실을 알게 된 원주민들은 거세게 저항했다. 공정하게 일대일로 붙은 싸움에서는 원주민들이 훨씬 자주 승리를 거두었다.

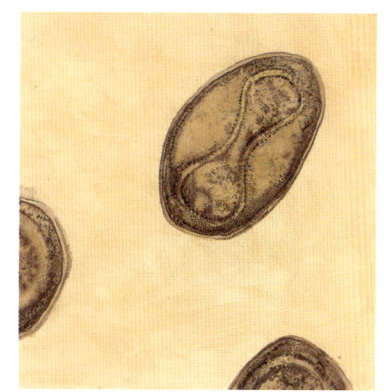

바리올라 바이러스

유럽인들이 결정적으로 승리할 수 있었던 데는 (의도하지 않았지만) 질병이 있었다. 탐험가들의 몸은 원주민들에게 면역력이 전혀 없는 병원균으로 가득했던 것이다. 간염, 유행성 감기, 발진티푸스, 장티푸스, 디프테리아, 홍역, 볼거리, 천연두를 일으키는 균들이 우글거렸다. 유럽인들의 도착은 생물학 폭탄 투하로 비교될 수 있다. 2세대 만에 원주민의 대다수가 죽음으로 내몰렸다(어림짐작으로 1천만 명에서 1억 명에 이른다). 2세기 만에 원주민의 문화가 '신유럽 문화'로 완전히 대체되었다. 유럽의 사람과 문화만이 아니라 유럽의 토끼풀과 꿀벌, 농작물과 잡초, 소, 말, 개, 고양이 그리고 새까지 들어왔다. 나중에 오스트레일리아와 뉴질랜드에서 똑같은 현상이 벌어지게 된다.

유럽인들이 아메리카 신대륙에 들여온 질병 중에서도 최악은 아마 천연두이었을 것이다. 천연두는 다른 어떤 질병보다도 많은 수의 원주민을 죽음으로 내몰았다. 천연두 바이러스는 피부와 내장기관, 목, 눈을 공격한다. 고열, 두통과 함께 뾰루지 같은 수천 개의 물집이 얼굴에 잡히기 시작해 몸의 다른 부분으로 퍼져 간다. 시간이 지나면서 물집에는 고름이 차오르고 딱지가 앉았다가 떨어지면 움푹 들어간 흉터가 생긴다. 감염자 중 30퍼센트에서 90퍼센트가 죽었다. 운 좋게 살아남더라도 얼굴에 흉한 흉터가 남았고 실명하는 경우도 많았다. 천연두는 한 번 앓고 나면 평생 면역력이 생기기 때문에 다시 병에 걸리지 않는다. 천연두는 스페인이 멕시코와 페루를 점령하고, 포르투갈이 브라질을 침략하는 데 결정적인 역할을 했다. 원주민들 사이에 혼란과 공포를 심고 그들의 수를 감소시켰다. 후에 프랑스와 영국 식민지 군대가 북아메리카 대륙을 침범하기에 앞서 천연두가 휩쓸고 지나가 침략자들을 위해 땅을 비워 놓았다. 이 질병의 끔찍한 증세와 높은 사망률을 고려할 때 원주민들이 저항한다는 것 자체가 놀라운 일이다.

천연두는 수천 년 전에 아프리카에서 발생한 것으로 여겨진다. 기록상으로는 기원전 1350년에 이집트인과 히타이트인의 전쟁 기간에 처음으로 발병했다. 천연두는 그곳에서 페르시아, 인도와 중국으로 전파되었다. 인도인과 중국인은 각자 나름의 천연두 여신을 숭배하고 구원을 빌었다. 유럽이 천연두를 처음 접한 것은 기원전 430년에 그리스의 아테네 역병을 통해서였을 것이다. 이 병으로 인해 위대한 웅변가 페리클레스가 죽었고 아테네 왕국이 무너지기도 했다. 대륙을 휩쓴 천연두 유행은 10세기에서 14세기까지 십자군전쟁 동안 나타나지 않았는데, 수천 명의 유럽 군인이 중동 지역을 침략한 후 무심코 천연두를 지닌 채 돌아왔다. 콜럼버스가 항해를 나서기 전까지 천연두는 유럽의 풍토병으로 자리 잡았다. 1438년 파리에서 천연두는 5만 명의 시민을 죽였는데, 희생자는 대부분 아이들이었다.

에르난 코르테스가 아즈텍 제국의 수도 테노치티틀란을 점령하고 있는 동안, 천연두는 몇 주 안에 인구의 1/4을 죽였다. 겁에 질린 생존자들은 자신들의 신을 버리고 기독교로 개종했으나 계속해서 죽어 갔다.

잃어버린 낙원

콜럼버스는 카리브 해의 작은 섬 히스파니올라에 도착한 후에 유럽으로 보낸 보고서에서 이곳을 '낙원'이라고 묘사했다. 이 섬의 원주민인 타이노족에게 군주도 계급도 없다는 사실이 유럽인들을 어리둥절하게 했다(영국의 철학자 존 로크는 나중에 다음과 같이 쓴다. "태초에 모든 세상은 아메리카와 같았다"). 스페인은 이 에덴동산을 파괴하는 작업에 착수했다. 타이노족에게 짐승들처럼 강제로 짐을 나르게 하고, 그들의 식량을 빼앗았다. 또한 금을 찾아 오라고 했다. 때로 오락으로 타이노족들에게 총을 쏘았고 그 시체를 개에게 먹이로 주었다. 1516년에 천연두가 처음 히스파

니올라 섬에서 발생했을 무렵에, 대략 2백만 명에서 8백만 명이던 원주민 인구가 스페인인들의 잔혹한 학살로 인해 12,000명밖에 남지 않았다. 이때 가장 큰 역할을 한 것이 천연두였다. 1510년 스페인은 이들을 대체하기 위해 아프리카에서 노예들을 끌고 오기 시작했다. 1555년에 타이노족은 거의 몰살되었다.

타이노족은 다른 아메리카 원주민들처럼 여러 가지 이유로 유럽의 질병에 대한 면역성이 전혀 없었다. 우선, 이들은 시베리아 이주민의 후손이었다. 수천 년 전에 아메리카 원주민의 조상들은 얼어붙은 베링 해협을 걸어서 혹독한 북극의 청정지역을 통과했다. 이 여정에서 온화한 기후에 적응했던 병원균들은 살아남지 못했다. 둘째로, 유럽인들과 달리 아메리카 원주민들은 가축을 많이 기르지 않았다. 가축은 결핵, 유행성 감기, 홍역, 천연두를 포함해 많은 치명적 질병의 발원지다. 이들에게는 가축으로 기를 동물이 별로 없었을 뿐 아니라 동물을 끌어다 일을 시킬 수레바퀴도 없었다. 마지막으로, 아메리카 원주민들은 유럽인들보다 훨씬 위생적이었다. 그들은 자주 목욕을 했고 마을과 도시를 깨끗하게 유지해 혹시 모를 병원균의 접근을 차단했다. 원주민들은 키가 크고 건강하고 수명이 길었음에도 불구하고 병원균에 완전히 무방비 상태에 있었다.

천연두가 가장 악명을 떨쳤던 때는 스페인이 멕시코를 침략했을 때였다. 1519년에 스페인의 탐험가 에르난 코르테스(1485~1547)가 쿠바에서 멕시코 본토까지 군인 550명을 이끌고 왔다. 그들의 목적지는 아즈텍 제국의 수도이자 '황금의 도시' 테노치티틀란이었다. 코르테스 일행은 12월에 그 도시에 도착했다. 아즈텍 제국의 통치자인 몬테수마 2세는 코르테스 일행을 턱수염을 가진 백인 신 케찰코아틀('깃털 달린 뱀'이라는 뜻)의 화신으로 착각하고 환대했다. 하지만 코르테스는 몬테수마 2세를 포로로 잡고 몸값으로 금을 요구한 뒤 그를 앞세워 아즈텍 제국을 통치했다. 그 무렵(1520년 봄) 판필로 데 나르바에스(1478~1528)가 이끄는 스페인 탐험대가 멕시코에 도착했다. 나르바에스의 선원 중 한 명이 천연두에 걸렸다. 코르테스는 이 경쟁자를 물리치기 위해 테노치티틀란을 떠났다. 두 침략자가 전투를 벌이던 중 코르테스의 군인 한 명이 천연두에 감염되었다.

수적으로는 100 대 1로 우세한 아즈텍 제국은 코르테스가 없는 동안 반란을 일으켜 돌아온 코르테스를 무찔렀다. 스페인인들은 목숨을 구하기 위해 도망쳤다. 그러나 전투 중에 아즈텍 군인 중 한 명이 스페인에서 들어온 천연두에 걸리고 말았다. 끔찍한 유행병이 원주민 사이에서 돌았다. 몇 주 만에 테노치티틀란 인구의 1/4이 목숨을 잃었고 몬테수마 2세를 포함해 많은 군인들이 죽었다. 시체들이 "빈대처럼" 땅에 널렸다. 코르테스가 재정비하여 돌아왔을 때, 스페인은 사기가 꺾인 원주민 생존자들을 쉽게 물리칠 수 있었다. 아즈텍 제국은 이렇게 무너지고 말았다.

이와 같은 낯선 유행병은 유럽인들이 발을 들여놓은 아메리카 모든 지역에서 발생했다. 1527년이 되면 천연두는 남쪽의 잉카 제국에까지 전파되어 왕과 10만 명의 사람들을 죽였다. 유행병은 내전에 불을 붙이기도 했다. 이 내전은 스페인 정복자 프란시스코 피사로(1475~1541)가 600명의 군대를 이끌고 온 1532년에 가까스로 끝난다. 피사로는 내전 후 새로 왕이 된 아타후알파를 포로로 잡아 몸값으로 방 하나에 가득한 금을 요구한 다음에 그를 죽였다. 우연하게도 이 스페인 군대 역시 천연두를 들여왔다. 천연두로 인해 엄청나게 많은 잉카 사람들이 죽게 되면서 들판은 온통 미경작지로 변했다. 이 때문에 훨씬 더 많은 사람들이 굶주림으로 죽었다. 결국 16세기 후반에 잉카 제국 인구의 3/4이 사망하게 된다. 그 동안 브라질에서는 포르투갈 침략자들이 아마존 원주민들에게 기독교와 천연두를 들여온다. 원주민 수만 명이 죽게 된다. 아메리카 대륙 전역에서 정복자들과 피정복자들 모두 신이 유럽인들 편이라는 데 동의할 수밖에 없었다. 그렇지만 기독교 지도자들은 당황했다. 겁에 질린 원주민들이 떼를 지어 기독교로 개종했음에도 여전히 천연두로 죽어갔기 때문이었다.

축복의 천연두

천연두가 없었다면 영국과 프랑스는 북아메리카 대륙을 차지하지 못했을 것이다. 영국인 청교도들이 플리머스(미국 매사추세츠) 항구에 상륙하기 3년 전인 1617년에, 미개간지 유행병이 뉴잉글랜드가 될 지역을 휩쓸어 원주민의 90퍼센트에서 94퍼센트가 사망했다. 상륙한 청교도들이 발견한 것은 버려진 마을과 죽은 자들의 뼈로 뒤덮인 들판뿐이었다. 천연두는 계속 재발하여 영국 식민시대의 처음 15년을 순조롭게 만들어 주었다. 그들은 저항을 받지 않고 원하는 것을 가질 수 있었다. 영국의 조지 3세가 그 질병을 "축복의 천연두"라고 부른 것도 그렇게 놀랄 일이 아니다. 천연두는 거대한 죽음의 물결을 일으키며 개척자들보다 먼저 서쪽으로 대륙을 횡단했다.

이러한 유행병이 항상 우연히 발생한 것은 아니다. 1763년 프랑스와 인디언 사이에 일어난 전쟁의 마지막 해에 영국군의 사령관 제프리 앰

허스트 장군은 원주민 사이에 유행병이 퍼지도록 천연두에 오염된 담요를 선물로 주었다. 그는 "이 지긋지긋한 종족을 근절하기 위해서"라고 말했듯 대량학살을 의도했던 것이다. 이것은 영국과 미국 군이 원주민 학살을 위해 사용한 생물학 무기 중에서 가장 악명 높은 것이다.

1792년에 영국의 탐험가 조지 밴쿠버(1757~1798)가 워싱턴 주의 북서부에 위치한 푸젯 사운드를 항해하던 무렵, 그곳의 마을은 황폐화되고 해안은 해골로 뒤덮여 있었다. 조지 밴쿠버보다 천연두가 먼저 대륙으로 건너온 것이다.

축복이라니

페스트균과 달리 천연두균은 사람만을 숙주로 한다. 사람에서 사람으로만 전염될 수 있다. 인구 밀집도가 높은 유럽의 도시들에서 항상 누군가를 감염시키면서 사람들 사이를 떠돌았다. 첫 번째 감염 대상은 면역력이 약한 갓난아이들이었다. 이런 '감염의 연쇄 사슬'에서 감염된 사람은 다른 사람에게 전염시킨 후에 살아남거나 죽었다. 어른이 될 때까지 이 전쟁에서 살아남은 사람들은 다시 천연두에 걸리지 않았다.

식민지 개척자들이 신대륙을 정복하고 정착한 지 한 세대가 지나고, 천연두는 원주민뿐 아니라 개척자의 아이들에게도 나쁜 영향을 미쳤다. 아메리카의 식민 정착지에는 인구가 거의 없었다. 천연두에 면역력이 약한 숙주들이 모두 사라지면서 감염의 연쇄 사슬이 끊어졌다. 그리하여 천연두는 한 세대 동안 모습을 감추었다. 새로운 숙주들이 충분한 수만큼 태어나야 유행병이 발생할 상황이었던 것이다. 1636년과 1717년 사이에 보스턴은 7가지의 다른 천연두 유행병으로 고통을 당하게 된다.

유럽인들은 천연두의 확산을 막는 데 효과가 없는 방법들을 멈추지 않았다. 출혈, 관장, 설사약, 그리고 기도가 그것이었다. 검역을 통해 약간의 효과를 거두기도 했다. 그러나 아시아와 아프리카에는 이미 천연두 감염을 막을 수 있는 효과적인 예방책이 있었다. 수백 년 동안 중국인들은 '종두법'이라는 접종법을 실시해 왔다. 가볍게 앓고 지나갈 수 있게 미리 균을 몸속에 넣는 것인데, 천연두 딱지를 가루로 빻아 사람들의 콧속으로 불어넣었다. 인도와 아프리카, 터키에서는 다른 접종법을 사용했다. 팔에 낸 상처 속으로 딱지 가루나 천연두 고름을 직접 주입했다. 두 접종법 모두 사람들이 천연두를 가볍게 앓다가 회복되고 나면 평생 면역성을 갖게 했다. 종두법에도 물론 단점이 있었다. 한 번 접종하면 사람은 완전히 감염되어 다른 사람들에게 전염시켜 버릴 수도 있었다. 심한 경우에 50명당 한 명이 죽기도 했다. 접종의 성공률은 높지 않았지만 유행병에 걸리는 것보다는 나았다.

누가 먼저?

종두법Variolization은 천연두를 칭하는 '바리올라'Variola에서 온 것이다. 바리올라는 라틴어 '바리우스'Varius('반점이 있는') 또는 '바루스'Varus('뾰루지')에서 유래했다. 천연두는 콜럼버스가 신대륙에서 돌아온 직후 유럽에서 확산된 또 다른 질병을 가리키는 '커다란 종기'Greatpox와 구별하기 위해 '작은 종기'Smallpox라고 불렸다. 커다란 종기의 또 다른 이름은 매독이다.

천연두를 예방하기 위한 유럽인들의 노력은 1717년에 돌파구를 찾

종두법은 유럽인들이 천연두에 대한 예방책을 찾아내기 수세기 전부터 이미 동아시아, 중앙아시아, 아프리카에서 실행되고 있었다. 중국에서는 천연두 딱지를 사람의 코 속으로 불어넣어서 천연두를 예방했다. 이렇게 접종한 경우 50명당 한 명꼴로 사망했다. 살아남은 사람들은 면역성이 생겨 다시 걸리지 않았다.

기 시작했다. 천연두에서 생존한 영국의 여성 작가 메리 워틀리 몬터규(1689~1762)는 외교관인 남편을 따라 터키에서 머물던 중 그곳에서 종두법을 배웠다. 그녀는 천연두에 걸린 사람의 고름을 '이식'한다고 기록했다. 1718년에 몬터규는 자신의 아들에게 제일 먼저 종두법을 실행했다. 1721년 영국으로 귀국한 직후에는 딸에게 접종했다. 그들은 살아남았고 면역성을 가진 것으로 판명되었다. 그러나 영국 지도층들은 탐탁하게 여기지 않았다. 남성 의사들은 한낱 여성의 제안일 뿐이라고 조롱했다. 성직자들은 신의 채찍인 질병이 없어지면 사람들이 신을 두려워하지 않을까 염려했다. 안전을 위해 우선 범죄자와 고아를 대상으로 실시했고 접종은 성공을 거두었다. 결국 영국의 왕실과 상류층에게도 접종을 실시했다. 그 동안 대서양 저편의 미국에서는 코튼 매더 목사(1663~1728)가 노예 오네스무스에게 날카로운 막대기나 뼈로 천연두 고름을 찍어 집어넣는 아프리카식 종두법을 배웠다. 매더 목사는 이 방법을 보스턴에 소개했다. 미국 독립전쟁 때 조지 워싱턴은 대륙의 전 군대에게 접종 명령을 내린다.

드디어 1796년 천연두 예방에 획기적인 방법이 발견되었다. 그 해 영국의 의사 에드워드 제너(1749~1823)가 인체에 무해한 우두Vaccina 바이러스로 접종하면 천연두에도 면역력을 갖게 된다는 사실을 알아냈다. 그는 이것을 우두접종법Vaccination이라고 불렀다. 그의 발견은 소책자로 발간되어 독일어, 프랑스어, 스페인어, 네덜란드어, 이탈리아어, 그리고 라틴어로 번역되었다. 우두접종법은 신속히 전 세계로 퍼져 나갔고 불과 2년 만에 멕시코, 중국 등에서도 실시되었다. 1977년에 이르러 세계보건기구(WHO)가 전 세계에 예방접종을 보급하기 위해 수십 년 동안 끈질기게 캠페인을 벌인 끝에 천연두 감염사슬의 마지막 고리가 끊어졌다. 천연두는 저개발국에서도 뿌리가 뽑혔다. 오늘날 천연두 바이러스는 냉동장치 속에 감금되어 있다. 하나는 미국에, 다른 하나는 러시아에 보존되어 있다.

사업의 대가

황열병은 어떻게 노예제도를 폐지했을까?

특정 감염성 질병에서 살아남은 사람들은 그 병에 다시 걸리지 않는다. 이런 면역성으로 인해 상당한 이점을 갖는다. 그들은 질병이 유행할 때 다른 사람들이 병에 걸리고 죽더라도 건강을 유지하기 때문이다.

사업의 대가

황열병은 어떻게 노예제도를 폐지했을까?

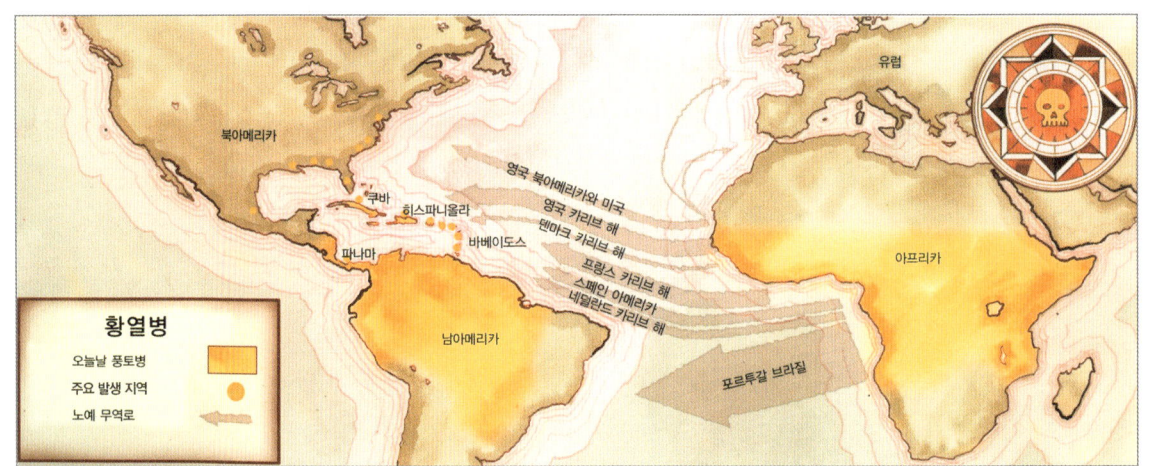

질병은 배를 타고

특정 감염성 질병에서 살아남은 사람들은 그 병에 다시 걸리지 않는다. 이런 면역성으로 인해 상당한 이점을 갖는다. 그들은 질병이 유행할 때 다른 사람들이 병에 걸리고 죽더라도 건강을 유지하기 때문이다. 면역성을 지닌 사람과 감염되기 쉬운 사람들의 이런 차이는 가끔 역사적으로 중요한 사건을 가져왔다. 황열병의 경우에는 그 차이가 엄청난 결과를 나타냈다. 신대륙의 노예제도를 종식시킨 것이다!

16세기에 유럽은 아즈텍 제국, 잉카 제국, 카리브 해의 여러 섬들, 그

황열병은 노예무역선에서 자주 발생했는데, 이 병에 걸린 유럽인 선원들은 병들어 죽었다. 아프리카 성인들은 어렸을 때 이미 앓아서 면역성이 있었다. 백인들은 흑인들이 영향을 받지 않는다는 사실이 당혹스러웠다.

리고 아마조니아와 북아메리카 동부 대다수를 정복하고 있었다. 유럽인들에게 신대륙은 재물이 고갈되지 않는 보물단지로 생각되었다. 땅은 비옥하고, 광산에서는 금과 은이 쏟아지고, 농장에서는 곡식이 자라고, 숲은 짐승가죽, 깃털, 나무 그리고 염료로 넘쳐 났다. 무엇보다 구대륙에서 귀한 설탕을 생산할 수 있는 자원이 풍부했다. 설탕 생산에는 값싼 노동력, 곧 노예가 엄청나게 필요했다. 유럽은 아직도 흑사병으로 인해 인구 부족에 시달리고 있었다. 노동력이 부족해지면서 유럽의 농민들은 힘을 갖게 되었다. 임금이 올라갔다. 신대륙의 노예시장도 마찬가지였다. 유럽의 약탈과 전염병이 북아메리카 인구를 거의 쓸어 버렸기 때문이었다.

이에 대한 명확한 대안으로 아프리카가 떠올랐다. 유럽의 탐험가와 식민지 개척자들은 당시 아프리카 개척을 시작하고 있었다. 아프리카에는 지역 자체와 이슬람교도의 수요를 충족시키기 위해 이미 노예무역이 행해지고 있었다. 유럽인들은 대서양을 건너와 단순히 그 흐름의 방향을 바꾸고 터지기 직전인 마개를 열기만 하면 되었다. 이 선택의 치명적인 결과는 너무 늦게 나타났다. 유럽인들의 탐욕을 위해 배를 타고 아메리카에 끌려온 대략 2천만 명의 아프리카 노예들과 함께 아프리카의 풍토병인 황열병도 들어왔다. 노예들은 대부분 이 병에 면역성이 있었지만, 노예 주인들은 그렇지 않았다. 황열병은 처음에는 카리브 해 연안에서, 그 다음에는 남아메리카, 북아메리카에서 노예제도를

플라비바이러스

소멸케 한 원인이 되었다. 나중에 미국이 북아메리카 대륙 전역에 영향력을 행사하는 데 중요한 역할을 했다.

환영, 귀향!

인류는 다른 어떤 대륙보다 아프리카에서 오래 살아왔다. 그곳에 사는 병원균도 인간에게 절묘하게 적응하며 살아왔다. 말라리아, 황열병, 회선사상충증, 코끼리 피부병 등의 질병은 자신들의 생활사를 사람들에 맞춰 함께 진화해 왔다. 수천 년 전에 인류가 온대 지방을 찾아 아프리카를 떠났을 때 이런 기생충 중 많은 종류를 남겨 두었다. 그러나 유럽인들이 아프리카를 점령하려고 돌아왔을 때 그 미생물들은 기다리고 있었다. 서아프리카에서 열대병에 의해 많은 유럽인들이 죽었을 때 그 지역은 '백인의 무덤'이라는 별명을 얻었다. 도착한 해에 정복자들 대부분은 플랜테이션 농장을 운영하거나 베란다에서 술을 마시는 대신 죽어서 흙에 묻혔다. 열대병으로 막사에서 죽어가는 유럽의 탐험가나 선교사의 이미지는 문학작품에서 진부한 문구가 될 정도로 흔하게 등장했다. "조심하라, 조심하라 베닌만이여." 서아프리카에 대한 영국의 시구이다. "50명이 들어갔으나 살아나온 사람은 한 명뿐이로다."

황열병은 예외적으로 이동 가능한 아프리카 질병으로 알려져 있다. 신대륙을 향해 아프리카를 떠나던 배에서 항해를 시작한 지 1주일 후에 환자들이 발생한다. 가벼운 경우에는 감기처럼 느껴진다. 증상이 지나가면 회복될 수 있다. 그러나 심각한 경우에는 고열과 눈앞이 안 보일 정도의 두통, 오한, 그리고 지독한 근육통에 시달리다가 코와 입에서 피를 쏟는 지경에까지 이른다. 피는 위 속에 모여서 응고되고 검어지다가, 황열병에 반드시 따라오는 검은 구토와 함께 밖으로 배출된다. 결국 간이 약해지고 피부는 황달에 걸린 노란색으로 변한다. 그 다음에 따라오는 것은 바로 죽음이다.

노예는 슈퍼맨

황열병은 아프리카에서 신대륙으로 항해하던 배들을 휩쓸어 버렸다. 때로 선원 전원이 황열병으로 인해 몰살당했다. 평균적으로 5분의 1 정도가 죽었다. 황열병의 공격을 받은 배들은 항구에 도착하면 검역을 받은 후에 노란 깃발을 매달아야 했다. '노란 깃발'은 황열병을 가리키는 영국 해군의 명칭이 되었다. 다른 불가사의한 질병들처럼 유럽인들은 열성적인 기도와 갈레노스식 치료법을 실시했다. 질병의 원인이라고 여겨지는 독가스를 없애기 위해 방혈, 설사약, 관장, 냉수욕 또는 향기로운 부적 등을 처방했다. 언제나 그렇듯 별로 효과는 없었다.

황열병 자체만큼이나 이해할 수 없었던 것은 아프리카 노예들이 이 전염병에 영향을 받지 않는다는 사실이었다. 이것은 강력한 이점이었다. 백인 노예상이 병에 걸리면 흑인들은 반란을 일으킬 수 있었다. 예를 들어, 악명이 높은 노예선 아미스타드에서 반란이 일어난 것도 황열병 때문이었을 것이다. 나중에 이 질병이 신대륙에서 플랜테이션 농장을 운영하는 유럽인들을 죽음으로 몰고 갔을 때, 아프리카인들은 탈출하거나 저항하거나 자신들을 고문했던 백인들을 공격할 수 있는 기회를 갖게 된다.

이러한 인종 간의 차이를 어떻게 설명할 수 있을까? 흑인들이 어린 시절 아프리카 황열병에서 살아남은 후 평생 면역성을 지녔다는 사실을 백인들은 알지 못했다. 유럽에서 온 질병 때문에 죽었다는 이유를 들어 원주민들이 열등하다는 결론을 내렸던 사람들은 이제, 흑인들이 황열병에 면역성이 있어 죽지 않으므로 노예로 쓰기에 적합하다고 궤변을 늘어놓았다. 편협한 논리는 놀랄 만큼 기회주의적이다.

달콤한 복수

황열병은 아메리카를 착취하려는 유럽인들의 노력을 거듭 막았다. 아마조니아 유역에서 유럽의 착취와 위압적인 플랜테이션 경작을 사실상 차단해 버렸다(놀라운 것은, 배가 아프리카에서 아시아까지 여행했지만 황열병이 아시아에는 뿌리내리지 않았다는 사실이다).

신대륙에서 초기에 발생한 황열병 중 하나는 카리브 해의 영국령 바베이도스 섬에서 발생되었다. 설탕 산업이 번성한 이 나라는 1647년부터 1650년까지, 그리고 1690년에 다시 1만 명이 넘는 희생자를 내면서 초토화되고 말았다.

하지만 황열병은 프랑스 식민지인 아이티의 히스파니올라 섬(나중에는 산토도밍고라고 불림)에 더 광범위하고 치명적인 영향을 주었다. 오늘날 가장 가난하고 열악한 나라로 꼽히는 이곳이 한때는 세상에서 가장 돈이 많이 벌리는 식민지였다. 당시 아이티는 카리브 해 연안의 여러 나라를 합한 것보다 더 많은 설탕을 생산했다. 영국이 13개의 아메리카 식민지에서 거둬들인 수입보다 더 많은 돈을 아이티는 프랑스에 안겨 주었다. 그러나 1789년 프랑스에서 프랑스혁명이 군주제를 무너뜨렸다. '자유! 박애! 평등!' 사상이 아이티로 스며들었다. 이때까지 상당히 많은 아프리카인들이 그 섬으로 들어왔고, 이제 노예들의 숫자가 백인 농장주를 15 대 1로 압도하는 상황이었다. 1791년 아이티의 노예들은 반란을 일으켰다. 수천 명이 봉기해서 도시를 불태우고, 플랜테이션 농장에 불을 지르고, 백인들을 학살했다. 1794년 혁명정부가 식민지 전역의 노예제도를 폐지했다. 그러나 1802년 프랑스의 새 통치자가 된 나폴레옹 보나파르트는 아이티 지배를 거듭 주장하며 노예제도를 부활했다. 그는 훨씬 더 많은 이익을 창출하는 식민지를 기대하고 프랑스령인 루이지애나에서 가져온 식량을 공급했다. 나폴레옹은 대규모 상륙작전을 위해 처남인 샤를 르클레르 장군이 지휘하는 군대를 보냈다. 군인들은 15만 명도 넘는 노예들을 죽였다. 그러나 르클레르를 비롯해 5만 명의 프랑스 군인들 역시 죽었는데, 대부분 황열병 때문이었다.

상상해 보라. 고열, 황달, 시커먼 구토에서 마침내 죽음까지 불러오는 보이지 않는 힘에 전혀 영향 받지 않는 적과 싸우려고 몸부림치는 군인들의 모습을! 프랑스인들은 더 이상 침략을 감행할 수 없었다. 나폴레옹은 아이티의 독립을 인정했고, 1803년에는 명백히 쓸모없어진 루이지애나 영토를 미국에 팔게 된다.

1804년 아이티는 공화국의 수립을 선포했다. 1816년에는 남아메리카의 독립 영웅 시몬 볼리바르(1783~1830)가 아메리카 대륙에 대한 스페인의 식민통치를 종식시킬 수 있도록 지원했다. 그 보답으로 볼리바르는 자신의 노예들을 풀어 주고 그가 자유롭게 한 땅에서 노예제도를 법으로 금지하겠다고 약속한다.

카리브 해 연안의 다른 나라들과 남아메리카에서 노예 반란이 증가했

아이티에서 아프리카 노예들이 반란을 일으켜 프랑스인 주인을 학살한 사건이 벌어진 뒤에, 나폴레옹은 통제를 재개하려 했다. 1803년 나폴레옹의 군대는 대규모 상륙작전을 실시했지만 대패를 했다. 5만 명의 프랑스 군인이 목숨을 잃었는데, 대부분 황열병 때문이었다.

다. 노예들을 각 지역에 붙들어 두려는 의도로 만들어진 법률과, 그와 반대로 그들을 자유롭게 해 주기 위한 폐지론자들의 운동 역시 더욱 왕성해졌다. 시대를 앞서간 어떤 영국인 농장주(플랜테이션 운영자)는 노예제도의 '등급'을 재고하는 것이 문제 해결의 열쇠라고 제안했다. 노예들을 '플랜테이션 조력자'라고 부르면 폐지론자들이 불만을 그칠 것이라는 의견이었다. 해방된 아이티를 본보기로 서반구에서 노예제도가 종식되고 있다는 사실을 아무도 깨닫지 못했다. 결국 1838년에 영국의 노예제도는 폐지되었다. 미국에서는 1865년 남북전쟁이 노예제도에 말뚝을 박아 버린다. 그러나 혁명에 불을 붙인 황열병에 고마워하는 사람은 아무도 없었다.

대실패

노예제도 폐지 후에도 황열병은 신대륙에 여전히 영향을 미쳤다. 1881년 프랑스 기술자들은 파나마 지협을 가로질러 태평양과 대서양을 잇는 수평식 운하를 건설하기 시작했다. 프랑스의 외교관 페르디낭 드 레셉스(1805~1894)가 이 계획을 지휘했는데, 그는 이집트의 수에즈 운하를 성공적으로 건설한 적이 있었다. 그러나 이집트와 달리 파나마는 말라리아와 황열병으로 악명 높은 곳이었다. 레셉스는 이 문제를 가볍게 여겼다. 여전히 질병의 원인으로 여겨지던 독가스를 감소시키기 위해 프랑스인들은 정교하고 장식적인 정원이 딸린 단정하고 깨끗하고 튼튼한 노동자용 막사를 지었다. 그러나 운하 건설을 시작하기도 전에 노동자들이 말라리아와 황열병으로 죽어 가기 시작했다. 독가스 외에 여러 가지 죄가 원인이라는 설명이 나왔다. 음주, 도박, 횡령이 질병의 원인이라고 의심받았다. 부도덕이 그 원인이라고 의심한 한 노동자는 자신의 정직한 가족을 파나마로 데려 왔다. 그의 가족은 모두 황열병으로 죽고 말았다. 마침내 1889년 3만 명의 노동자들이 죽고, 수십억 달러가 소모되고, 운하는 건설되지 못하고, 레셉스의 명성은 땅에 떨어지고, 공사는 취소되었다.

현명한 추측

1880년 레셉스가 파나마에 투자하기 1년 전에 쿠바의 의사 카를로스 핀레이(1833~1915)는 황열병이 이집트숲모기에 의해 전염된다는 가설을 발표했다. 핀레이는 황열병에 걸린 사람의 피를 빤 모기가 건강한 사람을 물면, 그 사람 역시 병에 걸리는 것을 목격했다. 핀레이의 가설은 수십 년 동안 무시되었지만 나중에 사실임이 밝혀졌다.

모기는 공중을 날아다니는 주사기다. 모기는 액체를 마시기 위한 길고 속이 빈 주둥이, 타액을 주입하기 위한 관, 그리고 상처를 내는 데 쓰는 작은 침을 갖추고 있다. 암컷들만이 피를 빨 때 이 침을 쓰는데, 그 후에는 알에 영양분을 공급할 필요가 있을 때만 쓴다(모기들은 과즙이나 감로를 마셔 영양분을 보충한다). 암컷들은 피가 필요할 때, 숙주 위에 내려 앉아 피부 구멍으로 주둥이를 찔러 넣고, 모세혈관에 침 자국을 내고, 피가 잘 흐르도록 혈액 응고를 막는 물질을 약간 주입한 다음에 들이마신다. 2,500종의 모기 대부분은 다른 동물의 영양분을 빼앗아 살아간다. 그 중 일부 모기가 인간의 피를 빨아먹는다. 모기들이 옮기는 바이러스 중에서 우리에게 영향을 주는 것은 소수에 불과하다. 하지만 말라리아, 뎅기열, 뇌염, 웨스트나일 바이러스, 황열병 등 모두 치명적인 질병들이다. 석기시대 이후 모기는 아마도 어떤 생물들보다 더 많은 사람들을 죽였을 것이다.

기니피그 과학자

1900년 스페인-아메리카 전쟁 기간에 황열병의 비밀이 마침내 밝혀졌다. 쿠바에 주둔하던 수천 명의 미국 군인들이 황열병으로 죽어 가자

월터 리드 소령이 이끄는 황열병위원회가 병을 퇴치하기 위해 파견되었다. 위원회의 다른 의사들, 즉 제시 러지어, 아리스티데스 아그라몬테, 제임스 캐럴은 이미 쿠바에서 연구를 시작하고 있었다. 러지어는 카를로스 핀레이의 모기 전염론을 믿었다. 리드 위원장은 의심스러웠지만 러지어로 하여금 그 가설을 검사하게 했다. 캐럴은 자원하여 황열병 환자의 피를 빨아먹은 모기에게 물렸다. 그는 병을 앓다가 회복되었다. 증거가 더 필요했기 때문에 러지어는 스스로 모기에 물렸다. 2주 뒤에 그는 안타깝게 죽고 말았다. 1900년 10월 23일 리드 위원장은 이집트숲모기가

아프리카 플라비바이러스는 원숭이들과 그들의 기생충들처럼 신대륙의 숲에 서식하는 영장류 속에 영구 거주지를 발견했다. 열대 우림을 벌목하면 공중에 떠돌던 병원균들이 땅으로 내려와 사람들과 접촉하게 될 것이다. 그러면 황열병은 인간의 감염 사슬에 다시 침입할 기회를 갖게 될 것이다.

황열병을 사람에게 옮기는 매개체(전달자)라고 발표했다.

쿠바에서 모기가 황열병을 옮기는 것이 입증되자, 미국의 의무대 대장 윌리엄 크로포드 고거스는 모기 박멸을 명령받았다. 이집트숲모기 암컷은 고여 있는 물에 알을 낳는다. 아프리카에서 떠난 노예선에 실린 식수통들이 이집트숲모기를 아메리카 대륙으로 이동시킨 것이다. 물웅덩이, 꽃병, 타이어나 깡통 등은 병원균을 보유하고 있었다. 고거스의 감독 아래 군인들은 물통을 없앴고 이집트숲모기가 번식할지도 모르는 연못에 기름 막을 입혔다. 5개월 만에 쿠바에서 황열병이 근절되었다. 고거스는 영웅이 되었다. 1904년에 그는 미국의 파나마운하 건설 현장으로 신속히 파견되었다. 1906년에 고거스는 파나마운하에서 같은 방법으로 황열병을 박멸했다.

남아프리카공화국의 의사 맥스 타일러와 동료들이 황열병이 플라비바이러스에 의해 발병한다는 사실을 입증하고 백신을 개발한 것은 1927년이 되어서다. 17D라고 불리는 이 백신은 오늘날에도 여전히 사용되고 있다. 그 이후에 과학자들은 황열병균이 어디에 잠복해 있는지 알게 되었다. 아프리카 플라비바이러스는 나무에 사는 원숭이들과 그들에 붙어사는 기생충이 거주하는 신대륙 열대 지방에 영구 거주지를 발견했다. 사람들에게 멀리 떨어진 숲의 공중에서 바이러스는 곤충과 동물들 사이를 순환하고 있는 것이다. 숲이 방해받지 않는 한 황열병은 수년 혹은 수십 년까지도 '조용히' 지낸다. 그러나 거주지나 농경지를 위해 땅을 개간하기 위해 나무가 베어질 때마다, 황열병은 인간의 사슬 속에 다시 들어갈 준비를 하고 땅으로 돌진해 내려온다.

그러나 백인들을 죽음으로 몰아넣은 황열병의 영향은 어떨까? 아프리카인들은 그 병으로 고통받았지만 식민지 정복자들처럼 치명적인 영향을 받지는 않았다. 백인들이 황열병을 진압해야 할 방해물로 여긴 반면, 아프리카인들은 자신들의 자유와 독립을 위한 투쟁의 동맹자로 보았다. 1980년대에도 이런 노랫말이 아프리카 아이들 사이에서 불렸다. "모기만이 아프리카를 구할 수 있어. 말라리아만이 아프리카를 구할 수 있어. 황열병만이 아프리카를 구할 수 있어."

가혹한 선생님

콜레라는 어떻게 도시를 쓸어 버렸을까?

여러분은 방법을 알고 있다. 문지르고, 닦고, 물로 씻어 내는 것도 잊지 않는다. 우리는 부모님에게, 학교에서, 직장에서 그리고 방송을 통해 위생 관리를 하는 습관을 익힌다.

가혹한 선생님

콜레라는 어떻게 도시를 쓸어 버렸을까?

새로운 병

여러분은 예방 요령을 알고 있다. 문지르고, 닦고, 물로 씻어 내는 것을 잊지 않는다. 우리는 부모님에게, 학교에서, 직장에서 그리고 방송을 통해 위생 관리를 하는 습관을 익힌다. 기본적이고, 자연스럽고, 명확하고, 심지어는 과학적으로 보인다. 그러나 위생은 사실 그런 식으로 시작되지 않았다. 1세기 전만 해도 청결과 공중위생은 거의 모든 사람들이 저항하는 급진적인 관념이었다. 사람들이 생활 습관을 바꾸기까지는 여러 차례 세계적인 범유행병을 맞아야 했다.

19세기 산업화된 도시들은 악취 나는 돼지우리처럼 쓰레기와 배설물들이 곳곳에 널려 있었다. 하수구인 동시에 식수원이던 강은 콜레라와 다른 질병의 온상지였다. 콜레라에 걸린 사람들은 흑사병이 발생했을 때처럼 죽어 나갔다.

1817년 새로운 질병이 인도를 휩쓸었다. 그 질병은 몇 시간 안에 건강한 사람을 무기력하고 파르스름한 시체로 바꿔 버릴 정도로 격렬하고 심한 설사와 구토를 유발했다. 아무도 그 원인을 알지 못했다. 병이 어떻게 퍼지는지도 알 수 없었다. 사람들이 알았던 '사실'은 그것이 사라지지 않는다는 것뿐이었다. 부자든 가난뱅이든 이 질병과 접촉한 사람은 누구나 죽을 가능성이 컸다. 180년 동안 7차례 범유행병이 수백만 명을 죽음으로 내몰았고 남극 대륙을 제외한 전 대륙에 퍼져 갔다. 전염 경로를 따라 이 병에 수많은 이름이 붙여졌다. 하이퍼안트락시스 Hyperanthraxis, 경련성 콜레라, 아시아 콜레라, 경련성 신경 콜레라, 콜레라 질식, 악성 콜레라, 푸른 콜레라, 푸른 열병, 푸른 구토, 황색 바람, 역병 페스트, 검은 질환.

오늘날에는 단순히 콜레라라고 불린다. 콜레라는 현대의 가장 악랄한 질병 중 하나로 자리 잡았다. 콜레라로 인해 새롭게 산업화된 유럽과 아메리카 도시의 가난하고 열악한 생활환경이 부각되었다. 콜레라는 빈민과 부자의 공통점이었던 비위생의 문제점을 드러냈다. 당시는 질병의 원인에 대해 두 가지 대립되는 이론, 즉 독가스론(유독한 가스가 질병의 원인)과 전염론(감염성 매개체와의 접촉이 질병의 원인)이 논쟁을 벌이고 있었다. 중요한 것은, 콜레라가 현대 공중위생 발전에 촉매 역할을 했다는 사실이다. 이로 인해 사람들은 가까이 모여 살아도 건강을 유지할 수 있었고 현대 도시의 성립이 가능하게 되었다. 또한 공중위생 상태를 개선하려는 노력은 특히 인구의 폭발적인 증가를 가져왔다. 1800년 세계에는 대략 10억 명의 사람들이 살게 되었다. 오늘날에는? 60억 명이 넘는 인구가 모여 살고 있다.

효과가 없다

19세기가 끝나갈 때까지도 사람들은 무엇이 콜레라를 발생케 하는지 몰랐다. 갈레노스의 고대 이론을 추종한 독가스론자들은 정체를 알 수 없는 가스 발산 때문이라고 생각했다. 전류('독가스 전류 미립자'), 썩은 쓰레기, 역겨운 냄새가 나는 하수구, 정체를 알 수 없는 늪지대의 증기가 원인이라고 주장했다. 한편 전염론자들은 콜레라가 감염성 매개체와의 접촉으로 인해 퍼진다고 믿었다. 상한 오이, 상한 맥주, 외국 음식, 갑각류, 인, 구리, 황, 또는 다른 오염물질 등.

치료법과 예방책은 다양했고 논쟁거리가 많았다. 몇몇 시에서는 검역을 시도해 보기도 했다. 다른 곳에서는 소음으로 실험을 했다. 협곡을 폭파하고 총을 발사하고 징을 울리고 일출부터 일몰까지 소리를 지르기도 했다. 몇몇 나라에서는 모든 여행자의 입국을 거부했다. 많은 사람들이 허리에 감는 콜레라 플란넬 허리띠를 사용해 보았다. 기업들은 콜레라 브랜디와 콜레라 사탕을 팔아 성공을 거두기도 했다. 의사들은 소금, 겨자, 구운 후추, 다진 마늘, 으깬 고추냉이, 불에 태운 코르크 등으로 뜨거운 찜질 약을 처방했다. 또한 얼음냉수 목욕, 온수 목욕, 담배 관장약, 아편 좌약, 그리고 한때 유행했던 방혈 등을 권장했다. 영국은 기도와 구원의 공휴일을 제정해 두 차례 시행했다. 그러나 모두 헛수고였다.

제국주의의 대가

우리는 콜레라 전염을 영국 탓이라고 말할 수 있다. 다른 제국들과 마찬가지로 영국은 이전에 다른 나라들로부터 고립되어 있던 지역을 침략하고 외교 관계를 맺었다. 콜레라는 늦어도 기원전 400년경부터 반복적으로 유행하면서 수많은 사람들을 죽이고 인도의 풍토병이 되었다. 인도 아대륙에는 심지어 콜레라 여신인 훌카 데비도 있다. 최초의 콜레라 범유행은 1817년에 시작했는데, 당시 영국은 인도 아대륙을 정복하던 중이었다. 영국 군인들은 캘커타 근처에 머물면서 콜레라와 접촉했고, 히말라야를 거쳐 인도 북부 국경을 따라 싸웠던 네팔 및 아프가니스탄 사람들에게까지 병을 옮겼다. 그곳에서 콜레라는 미얀마와 태국으로 건너갔고, 바다를 통해 수마트라, 자바, 중국, 일본, 말레이 반도, 필리핀, 아라비아까지 이르게 되었다. 무역상들은 이 질병을 오만에서 잔지바르까지 지니고 가는데, 그것은 페르시아 만으로 옮겨 갔다가 러시아 남부까지 이른다. 병이 퍼진 지역마다 수천 명, 때로는 수만 명이 며칠 만에 죽어갔다. 1823년부터 1824년 겨울에 병의 진행이 멈추었다.

제2차 콜레라 범유행은 1826년 벵골에서 시작했다. 1830년에 콜레라는 모스크바에 도착했다. 1831년 9월이 되면 질병은 이슬람의 성지 메카에 이르렀다. (1831년에서 1912년 사이에 40차례 재발해서 이슬람 성지 순례자들에게는 가장 확실한 위험요소 중 하나가 되었다.) 같은 해에 질병은 베를린과 함부르크에 닿았다.

그곳에서 검역이 엄격하게 이루어졌다면 콜레라는 멈췄을지도 모른다. 그러나 영국에서는 상품과 용역의 자유무역을 막을 만한 방법이 없었다. 사업가들은 감염된 독일 항구를 방문했던 배들을 따로 격리하는 검역을 방해했다. 이내 콜레라가 영국 선덜랜드 시의 시민들에게 퍼지기 시작했다. 그러나 사업의 이익 때문에 다시 검역 반대의 목소리가 높아졌다. 이윤에 손해가 갈 것이고 실업이 초래된다는 것이었다. 선덜랜드는 재개방되었다. 콜레라는 영국과 아일랜드에 퍼진 다음에 대서양을 건너 북아메리카로 갔다. 또 다시 수만 명이 생명을 잃었다.

가난이 죄

오늘날 우리는 19세기 사람들이 알지 못했던 사실들을 알고 있다. 콜레라는 오염된 물을 통해 퍼진다. 그 시대의 생활환경을 살펴보면 콜레라가 전 세계로 퍼진 이유를 알 수 있다. 영국의 상황을 보자. 인구 밀도는 항상 높았고, 사람들은 시골에서 도시로 높은 임금을 찾아 계속 몰려

콜레라는 이슬람교 순례자들에게 위험요소 중 하나였다. 엄격한 위생관리, 접종, 그리고 검역이 시행될 때까지 1831년과 1912년 사이에 40차례 재발했다. 콜레라 환자들은 아파 항구(현재 이스라엘 텔아비브)에서 내렸다.

왔다. 수천 명의 노동자들은 어둡고 환기가 안 되는 집에 밀어 넣어졌다. 왜 집안이 어두웠을까? 1696년 이후로 창문이 6개 이상 달린 집에는 창문세가 부과되었기 때문이다. 투명한 유리창은 사치품이었던 것이다. 부유층들은 자신의 부를 과시하기 위해 가능한 한 많은 창문이 달린 집을 요구했다. 반면 일반 지주들과 일부 중산층들은 창문을 거의 달지 않았다. 그들은 심지어 세금을 낮추기 위해 건물의 창문을 벽돌로 막았다. 그 시절에 사람들은 손을 거의 씻지 않았고 침침하고 숨 막히는 집안에서는 깨끗한지 어떤지 잘 보이지 않았다.

공중위생 시설은 턱없이 부족했다. 16세기부터 영국에서 수세식 변소가 사용되었으나(엘리자베스 1세는 1597년에 자신의 변소를 사용함), 대소변은 대부분 집 밖의 구덩이에서 처리되었다. 한 지주는 30가족이 사용하도록 변소를 야외에 만들었다. 그것이 넘치면 대소변은 배수구 또는 길에 쌓였다. 런던에서 배설물은 결국 템스 강으로 흘러들어 갔다. '커다란 악취'라는 별명을 가진 템스 강은 또한 푸줏간의 썩은 고기, 공장 폐수, 그리고 생활쓰레기들의 마지막 저장고였다. 그리고 동시에 도시의 주요 식수원이었다!

그런 상황 아래서 전염병은 미쳐 날뛰었다. 콜레라 이외에도 '여름 설사병'과 식수를 매개로 한 장티푸스, 기생충을 매개로 한 발진티푸스, 결핵, 독감 등 수많은 감염성 질병들이 사람들을 괴롭혔다. 사람들은 흑사병 이후로는 본 적 없는 속도로 죽어 나갔다. 도시의 인구수를 유지하기 위해서 상대적으로 건강한 시골 사람들이 끊임없이 유입되어야 했다. 대가족이 권장된 것도 놀라운 일은 아니다.

사망률은 빈민들 사이에서 가장 높았다. 그들은 상한 음식을 먹었고 그마저도 거의 없었다. 그들은 작고 허술하고 난방도 잘 안 되는, 배설물로 가득한 집에서 살았다. 그들은 윗사람이 물려준 낡은 헌옷을 입었다. 제대로 못 먹고 제대로 못 자고 제대로 못 입었기 때문에 그들의 면역계는 약화되었고, 일찍 죽은 것도 이상한 일은 아니었다. 영국의 상류층들은 이 괴기한 불균형이 운명이라고 확신했다. 가난은 경제적, 사회적 문제가 아니라 영적 조건, 즉 죄에 대한 벌이라는 것이었다. 1832년 해부법이 통과되면서 사실상 가난은 죄가 되고 말았다. 이전에 죄질이 매우 나쁜 범죄에만 가해졌던 징벌인 외과의사, 해부학자, 의대생에 의한 사후 해부는 이제 매장할 비용이 없는 빈민들의 운명이 된 것이다. 1834년 수정 구빈법이 올가미를 더 죄었는데, 일자리를 잃은 빈민에 대한 현금 자선을 법으로 금지하고 그들을 감옥과 같은 구빈원에 밀어 넣었다. 심지어 고아들과 노인들 그리고 장애인들에게도 그랬다.

   개혁 성향이 강한 공중보건 전문가였던 에드윈 채드윅(1800~1890)은 1842년 의회에 제출한 「대영제국의 노동인구의 공중위생 상태에 대한 보고서」에서 환경이 빈민들에게 미치는 영향을 피력했다. 채드윅은 영국 내 가난하고 지저분한 존재는 부지불식간에 생긴 것이라고 주장했다. 그는 그것을 아메리카의 노예제도에 비교했다. 또한 채드윅은 시골사람들이 도시인들보다 더 오래 산다는 것을 밝혀냈다. 리즈와 같은 도시에서 노동자들은 평균 17세면 죽을 수도 있었다. 무역상들은 30대 중반에 사망했다. 심지어 특권층들도 평균 40세 정도밖에 살지 못했다. 도시에 오면 돈을 더 많이 벌 수 있을지는 모르겠지만, 그것을 누릴 만큼 오래 살 수는 없었던 것이다.

채드윅의 개혁

90세까지 살았던 채드윅은 이것이 낭비라고 생각했다. 그는 정부가 '최대 다수의 최대 행복'을 창출하기 위해 행동해야 한다는 공리주의 옹호자였다. 더 나은 생활환경이 빈민들을 더 열심히 일하게 만들고 사회에 부과된 짐을 덜어 줄 것이라고 주장했다. 채드윅은 또한 독가스론자로서 "모든 냄새는 질병"이라고 단언했다. 채드윅은 냄새를 없애면 질병도 없어진다고 추론했다. 그는 주거를 개선하고, 길을 포장하고, 식수를 청결하게 하고, 수세식 변소를 쓰고, 모두에게 효율적인 하수구를 만들어야 한다고 주장했다. 반대파들은 이것을 '감상적인 박애'라고 불렀지만, 수년간의 논쟁과 수천 명의 콜레라 사망자를 낸 후에 의회는 1848년 최초의 공공의료법을 채택해 채드윅의 개혁을 이행하기 시작했다. 창문세는 1851년에 폐지되었다. 제3차 콜레라 범유행은 1853년에 시작되었는데 영국에서만 1만 5천 명의 사망자를 냈다. 이는 1866년의 공중위생법과 1872년 2차 공공의료법, 그리고 1875년 3차 공공의료법에 박차를 가했다.

의사의 앞치마를 조심해

콜레라 예방에서 채드윅만큼 중요한 역할을 한 사람은 손 씻기를 옹호한 이그나츠 제멜바이스(1818~1865)이다. 1846년 헝가리 출신의 제멜바이스는 오스트리아 빈에서 산부인과 의사로 일하고 있었다. 지금으로서는 믿기 어렵지만, 그 시절에는 부유한 유럽인들도 손을 거의 씻지 않았다. 당연했다. 집이나 사무실에 상수도가 설치되지 않았고, 뜨거운

물이 필요하면 난로에 데워야 했다. 나중에까지 지속된 미생물 병원체에 대한 지식 부족으로, 평상시의 손 씻기가 왜 필요한지 사람들은 알지 못했다. 그렇지만 제멜바이스는 산파와 함께(혹은 길거리에서) 출산한 여성들이 장갑을 끼지 않고 하루 종일 같은 복장을 한 의사들이 있는 혼잡한 병원에서 아이를 낳는 여성들보다 생존율이 더 높았음을 지적했다. 외과 의사들에게 피가 묻은 앞치마는 직업의 상징이었다. 붉을수록 더 좋았다. 제멜바이스는 의사들이 병을 앓거나 최근에 죽은 환자들에게서 건강한 임산부에게로 치명적인 '어떤 것'을 옮긴다고 암시했다. 의사들은 자신들이 전염을 시킨다는 고발에 격분했지만, 제멜바이스는 조수들에게 병동에 들

제멜바이스는 병동에 현대적인 손 씻기를 도입했다. 그는 100명 중 30명에서 1명으로 사망률을 떨어뜨렸다.

어오기 전에 손을 염화칼슘액으로 씻어야 한다고 명령했다. 산모의 사망률이 30퍼센트에서 1퍼센트로 떨어졌다! 제멜바이스의 소독법은 병원에서 사무실, 학교 그리고 집으로 저렴하고 효과적으로 감염을 막는 방법으로 전파되었다. 그것은 아직도 마찬가지다.

채드윅의 개혁과 제멜바이스의 소독법이 도시 생활의 전망을 향상

시키고 콜레라를 억제하는 데 도움을 주었지만, 전염병은 여전히 건강을 위협하는 커다란 요소였다. 1854년 런던의 의사 존 스노(1813~1858)는 소호에서 발생한 콜레라 사망자들의 상당수가 브로드 거리의 공중펌프 근처에 거주하고 있다는 사실을 포착했다. 그는 수질 오염이 원인인지 알아보기 위해 펌프를 사용할 수 없게 손잡이를 없앴다. 근처의 콜레라 감염률이 급락했다. 결국 스노는 런던으로 물을 공급하는 여러 회사들의 세부적인 상황을 조사하고 집계했다. 그는 결국 한 회사의 오염된 식수와 콜레라의 연관성을 발견하게 되었다. 물은 템스 강 하류에서 끌어 쓰고 있었다. 더 많은 조사를 통해 런던의 식수 공급 회사 8곳 중 5곳만이 물을 여과하고 있었다는 사실이 밝혀졌다. (한 고객은 그의 수도관이 썩은 뱀장어로 막혀 있는 것을 발견했다!) 스노는 독가스론에 집착하는 위생학자들로부터 공격을 받았는데, 그들은 물이 오염원이라는 생각 때문에 영국 빈민가 철거가 늦어질까 봐 두려워했다. 그러나 1902년에 런던은 식수공급 회사들을 도시의 모든 거주자들에게 여과되고 소독한 물을 공급해 주는 단일한 시영 회사로 통합했다. 식수원을 통해 감염되는 콜레라와 다른 질병들은 사라져 갔다. 시민들의 건강은 향상되었다.

이런 변화의 중요성을 이해하기 위해서는 현대적 삶의 기초를 부정했던 산업국가의 사례들을 살펴보아야 한다. 이라크는 많은 교훈을 주었다. 20세기 후반을 독재자인 사담 후세인이 통치했으나, 이라크는 다수의 교육받은 중산층이 바그다드, 팔루자, 바스라와 같은 도시에 집중되어 있는 현대적이고 부유한 나라였다. 그러나 1990년대에 미국은 이라크의 중요한 상하수도 시설과 이라크 정부가 무기 제조에 사용할 가능성이 있는 의약품 공장을 파괴하는 제재를 가했다. 위생에 미친 영향은

즉각적이고 광범위했으며 무시무시했다. 유아 사망률이 급속히 치솟고, 감염성 질병들이 퍼졌다. 콜레라가 또 다시 발생했다. 1백만 명에 가까운 이라크 아이들이 죽었다. 필수적인 현대 위생설비를 파괴당한 산업국가들은 어디나 비슷한 결과로 고통받게 되었다.

콜레라 비브리오균

존 스노의 발견 이후 두 차례의 콜레라 범유행과 수백만 명의 죽음을 거쳐 30년이 지나고, 마침내 독일의 생물학자 로베르트 코흐가 미생물로 인해 콜레라가 발생한다는 사실을 밝혀냈다. 제5차 범유행(1881~1886) 중이던 1883년, 코흐는 질병의 고향인 인도에서 콜레라 비브리오균을 규명해 냄으로써 최대 라이벌인 루이 파스퇴르를 이겼다. 코흐는 독일의 국가적 영웅이 되었다. ('비브리오균'은 아직도 박테리아를 설명할 때 쓰이는, 형태를 묘사하는 많은 단어들 중 하나이다. 비브리오균은 쉼표처럼 생겼다. 바실루스균은 막대처럼 생겼고, 나선균은 나사처럼 생겼고, 구균은 원형이다.)

코흐의 시대에는 콜레라의 생활사가 알려져 있지 않았다. 오늘날에는 비브리오균이 소장 안에 붙어서 장의 세포들이 물을 잘 흡수하지 못하게 하고, 소장으로 들어오는 수분과 염분을 빼앗는 독소를 증식시키고 분비한다는 것을 알고 있다. 콜레라로 인한 설사는 순한 것에서부터 치명적인 것까지 다양하다. 심한 경우에는 탈수가 일어나고 혈관이 두꺼워져 타르처럼 점성이 생기고 피부가 푸른빛을 띠게 된다. 혈압이 급격히 떨어지면 죽을 수도 있다.

우리는 이제 비브리오. 콜레라균이 해조류를 먹고사는 1~2밀리미터

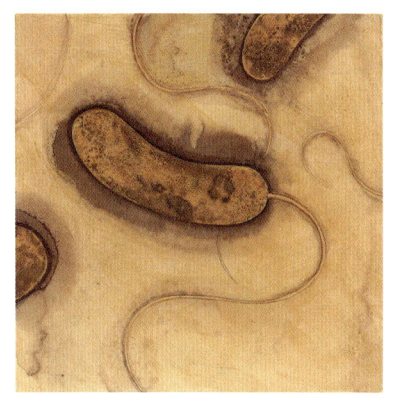
비브리오 콜레라균

크기의 요각류의 몸 위에 포자와 같은 형태로 수년간 생존할 수 있다는 사실을 알고 있다. 한때 이 미생물 3종(비브리오균, 요각류, 그리고 조류)은 대부분 벵골 만에서 공존했다. 수온이 상승하고 영양분이 풍부해지면서, 조류가 번성하고 요각류와 비브리오균이 번식했다. 열대성 저기압, 지진해일, 혹은 다른 재난으로 인해 콜레라균이 풍부한 이 해수가 내륙의 식수원을 오염시키면, 콜레라는 인간의 감염 체계로 재진입할 수 있다. 그런데 오늘날 배들이 벵골 만의 바닥에 깔린 물을 흡수하고 그것을 전 세계로 분출해서 박테리아를 다른 지역에 퍼뜨리는 역할을 하고 있다. 세 종의 비브리오 콜레라균이 우위를 다투고 있는데, 고전적 혈통은 치명적이지만 염소와 같은 소독제에 민감하다. 그것은 이제 거의 발견되지 않는다. 더 새로운 엘토르형 콜레라균은 증상이 약하지만 염소에 대한 내성이 더 강하다. 지금까지 이것이 가장 흔한 계통이다. 벵골 잡종 계통은 치명적이고 내성이 강하다.

아직도 가야할 길

콜레라는 여전히 무시무시한 질병이다. 콜레라는 1899년부터 1909년까지 전 세계에서 6차례 범유행했다. 아직 끝나지 않은 7차 범유행은 1961년 인도네시아에서 시작되었다. 그러나 채드윅 시대와 달리, 이제는 예방과 치료가 가능하다. 물은 정화해서 안전하게 만들 수 있다. 정제한 소금과 설탕을 섞은 물로 콜레라 환자들의 수분을 유지해 줄 수 있다. 거의 모든 사람들이 살아남을 수 있다. 콜레라는 이제 지나간 역사가 되어야 한다. 모든 정부들이 공중위생에 대한 채드윅의 권유를 받아들인다면, 콜레라는 지나간 역사가 '될 것이다'! 콜레라가 아직 남아 있다는 사실은 세계가 가난과 진지하게 씨름하기를 계속 꺼린다는 사실을 증명해 주는 셈이다.

오늘날 세계 인구 중 10억 명이 아직도 수도관이나 우물 덮개, 수원지 등이 전혀 개선되지 않은 상태에서 살고 있다. 수십억 명의 사람들은 개선되기는 했지만 아직도 오염되고 불안한 식수원에 의존하고 있다. 20억 명은 대소변을 적절히 처리할 방법이 없다. 매년 전 세계에서 200만 명에서 300만 명의 아이들이 물 때문에 콜레라를 비롯해 병에 걸려 죽어 간다. 이런 문제는 15년 동안 매년 100억에서 200억 달러를 들여야 고칠 수 있다. 이 비용은 미국인들이 매년 탄산음료를 마시는 데 쓰는 610억 달러의 1/3보다 적다. 우리는 지금 멋들어진 집안 배관시설에 대해 이야기하고 있는 게 아니다. 지구상의 모든 사람들을 위한 기본적인 수질 관리와 임시 변소에 대해 이야기하는 것이다.

이런 위생상 문제에 대한 일시적 해결책 중 하나로 미국 질병통제센터의 안전수질 체계(SWS)가 있다. 저렴하고, 튼튼하고, 사용하기 쉬운 수질정화 체계는 세 대륙의 22개국에서 효율적으로 활용되고 있다. 난민 캠프, 재난 지역, 전쟁 지역, 시골 마을, 도시 빈민가에서 사용되어 왔다. 이것은 단순한 생각에서 비롯되었다. 비싸지 않은 염소를 병에 담아 놓고 사람들이 집에 저장한 물을 처리할 때 사용하게 하자는 것, 전통적으로 사용하던 입구가 넓은 용기가 아니라 더러운 손에 쉽게 다시 오염되지 않도록 마개가 있고 입구가 좁은 플라스틱 병에 물을 담아 놓자는 것이 바로 그것이다. 이것은 오염된 물에 대한 영구적인 치료법은 아니다. 임시방편일 뿐이다. 그러나 또 다른 에드윈 채드윅이 나타날 때까지 임시방편이라도 필요한 법이다.

죽은 희망

결핵은 어떻게 동경의 대상에서 악성 질병으로 전락했을까?

질병은 인간의 마음속에 깊숙이 자리한 두려움, 희망 그리고 편견을 들추어서 보여 주는 스크린이다. 결핵이라는 질병 역시 마찬가지였다. 19세기 낭만주의 문화가 발흥하는 동시에 그 시대를 대표하는 유행병인 결핵도 시작되고 있었다.

죽은 희망

결핵은 어떻게 동경의 대상에서 악성 질병으로 전락했을까?

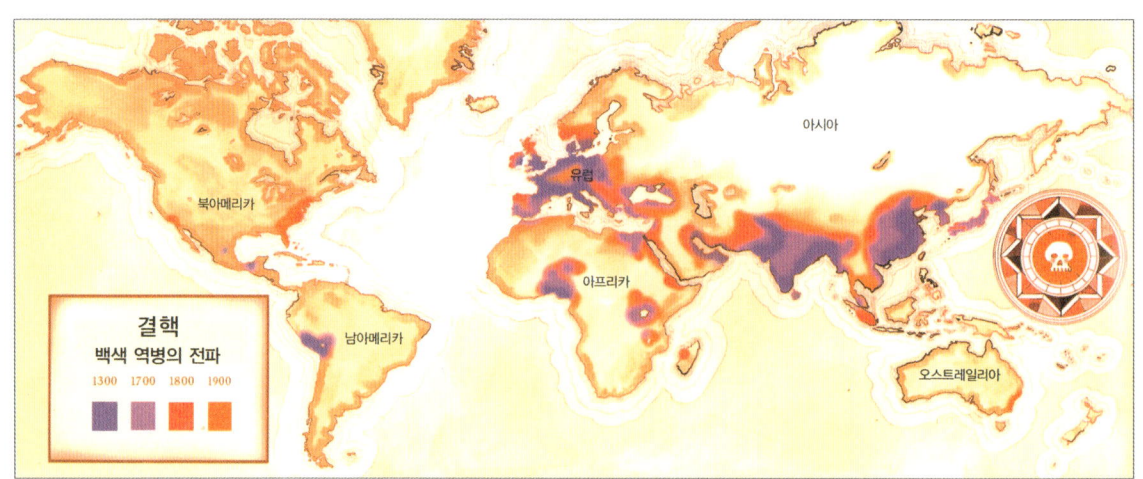

결핵의 변천사

앞에서 살펴보았듯이, 질병은 인간의 마음속에 깊숙이 자리한 두려움, 희망 그리고 편견을 들추어서 보여 주는 스크린이다. 결핵이라는 질병 역시 마찬가지였다. 19세기 낭만주의 문화가 발흥하는 동시에 그 시대를 대표하는 유행병인 결핵도 시작되고 있었다. 산업화로 인해 확장되는 도시에서 낭만주의적 신념과 결핵 증상은 교차하면서 서로에게 힘을 실어 주었다. 한동안 결핵은 창조적인 천재성의 징표로서 가족에게 환영받고 다른 사람들의 부러움을 샀다. 낭만주의 시대에 결핵은 아름다움과

낭만주의자들은 결핵이 예술적 열정의 표시라고 믿었다. 창백한 피부, 붉게 달아오른 뺨, 그리고 피 묻은 손수건은 열정과 천재성의 징표로 부러움을 샀다.

지위에 대한 고전적 관념을 완전히 뒤집어 놓았다. 그러나 결핵의 진짜 원인이 밝혀지자 명성은 시들해졌다. 결핵은 가난, 인구 밀집, 열악한 위생환경 때문에 발생하는 질병이다. 이렇게 낙인이 찍히자 결핵과 결핵균 보유자처럼 보이는 가난한 사람들 양쪽을 모두 통제하려는 현대 공공보건제도의 창설에 가장 강력한 촉매제가 되었다.

묘지의 기침

결핵은 박테리아에 의해 발생한다. 그것은 15만 년 전에 나타나서 아마도 사람들이 가축을 기르기 시작했을 때 소를 통해 사람에게 옮겨 갔을 것이다. 결핵균은 수년간 몸속에 잠복해 있다가 나이, 영양실조, 과로 등이 복합적으로 작용해 면역계가 약해졌을 때 병을 일으킨다. 결핵이 심해지면 기력이 쇠하고 발작적인 기침으로 발전하며, 혈관과 폐를 도막낼 정도로 진전되어 헐떡거리다가 질질 끄는 죽음으로 끝이 난다. 치료법은 없었다. 나이 들 때까지 살 수도 있었지만 대부분의 결핵 환자들은 젊어서 죽었다. 결핵은 혼잡한 환경에서 번성했는데, 그런 환경에서 결핵균은 한 사람에서 다른 사람으로 쉽게 옮아 갈 수 있었다. 결핵은 음식을 잘 먹지 못하고 일이 많고 통풍장치가 열악한 빈민가와 노동 착취 공장에서도 많이 발생했다. 1800년대 초반까지 결핵은 유럽 인구 전체의 1/4을 죽였다. 나중에 아시아가 산업화되자 아시아의 결핵 사망률은 유럽만큼 높아졌다.

고대 그리스인들은 결핵을 '소모병'Phthisis이라고 불렀다. 인체의 생명력을 무자비하게 파괴하는 것을 달이 이지러지는 모습에 빗대서 나온 용어이다. 17세기 영국의 종교 작가 존 버니언(1628~1688)은 결핵을 "모든 죽은 이들의 우두머리"라고 불렀다. 19세기에 결핵의 명칭으로 가장 많이 썼던 단어가 '소모'를 뜻하는 '컨섬프션'Consumption이었다. 결핵은 또한 늑막 종기, 소모열, 창백한 역병, 묘지의 기침, 폐렴, 폐 허약, 가슴의 불평 등으로 불렸다. 결정적으로 산업화된 서구에서 폐결핵은 전염이 아니라 유전으로 여겨졌다. 그래서 대부분의 결핵 환자들은 검역을 받지 않았다. 그들은 비감염자들과 자유롭게 어울렸고 그로 인해 당연히 병이 퍼진 것이다.

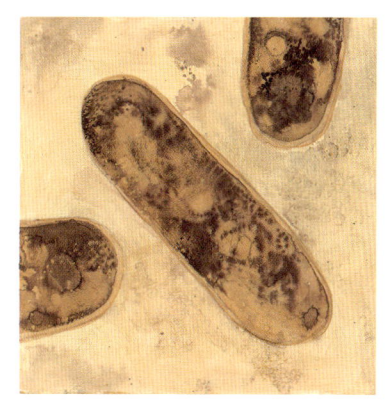
마이코박테리아

폐결핵이 가장 흔한 질환의 형태이기는 하지만, 결핵균은 다른 증상과 다른 이름으로 신체의 다른 부분들에 나타나기도 했다. 목에 나타난 결핵은 '연주창'이라고 불렸다. 뼈에 나타난 결핵은 '백색 팽창'이라고 불렸다. 위에 나타난 결핵은 '장간막병'이라고 불렸다. 척추에 나타난 결핵은 포트병, 피부에 나타난 결핵은 '심상성 낭창'이라고 불렸다. 결핵이라는 단어 자체는 19세기 초에 생겼다. 그것은 폐에 난 작게 충혈된 상처인 결절을 가리키는 것으로서, 결절은 질병의 확실한 징표였다.

이성의 시대

19세기에 결핵이 어떻게 인기 있는 질병이 되었는지 알려면 그 시대의 사상에 대한 이해가 필요하다. 19세기가 시작되면서 계몽주의 가치들이 유럽과 아메리카의 지적인 생활에 깊은 영향을 미쳤다. 과거에 혼란스럽고 두려운 대상이었던 우주는 이제 질서 있고 이해할 수 있고 측량 가능한 것으로 보였다. 이성이 종교적 믿음을 이겼고 무신론이 유행했다. 과학적 진보가 지배적이었다. 예술에서는 고전주의가 질서, 침묵, 조화, 균형 그리고 무엇보다 이성을 강조했다.

그러나 이런 사고는 건강과 질병에 대한 고대 사상의 결점을 얼버무렸다. 여전히 체액의 균형을 회복하기 위해 방혈이 시행되고 있었다. 사람들 대부분은 외모와 질병이 내적 성품이 밖으로 나타난 표시라고 믿었다. 아름다운 사람은 선하고 못생긴 사람은 악하다고 생각했다. 흰 피부가 검은 피부보다 월등하다고 생각했다. 새로운 사고와 낡은 사고가 섞인 한 가지 예가 골상학이라고 불리는 사이비과학(혹은 의사과학)이었다. 골상학자들은 인격과 성격, 지성은 머리 모양과 크기를 체계적으로 연구하면 파악할 수 있다고 주장했다. 이것은 단지 사회적 편견이었고 이성적인 생각처럼 보이는 속임수가 깃든 인종차별주의였다. 사실상 그것은 말도 안 되는 소리였다.

외모와 질병은 내적 진실의 외부적 표시일 뿐 아니라 계급의 표시로 인식되었다. 음식이 귀하고 기근이 빈번하던 시절에 통통한 몸은 부의 상징으로 생각되었다. 부유층이 소고기와 포도주를 즐기면서 발생한 질병들 중 하나가 팔다리 관절에 심한 염증이 되풀이되는 통풍이었다. 통풍은 오늘날의 고급자동차나 비싼 시계처럼 부의 상징이었다. 가난뱅이 작가 에드워드 기번(1737~1794)은 6권짜리 『로마 제국 쇠망사』를 통해 갈채를 받고 부자가 되면서 자신의 통풍을 자랑스러워했다. 그는 병을 친구들에게 자랑까지 했다.

고갈된 열정

낭만주의는 계몽주의 이상에 반발하여 일어났다. 낭만주의자들은 예술에 의한 자기표현과 상상력을 칭송했다. 그들은 고전주의 이상을 혐오했다. 그들은 사회적 관습으로부터 자유롭기를 원했다. 그러나 낭만주의자들 또한 그 시대에 속한 사람이었고, 마찬가지로 질병과 외모가 내적 진실을 나타낸다고 믿었다. 그들은 결핵을 동경했다.

일본에서 결핵은 상사병 때문에 걸리는 병으로 여겨졌다.

낭만주의자들은 감각을 중요시했다. 그리고 잘 사는 삶이란 밝고 격렬하다는 생각에 도취되어 있었고, 그래서 한껏 피어난 젊음을 부러워했다. 그들에게 결핵은 열정과 천재성의 상징이었다. 예술가나 작가의 가족이 결핵에 걸리면, 특히 아이들의 폐결핵은 부모의 창조적 재능을 물려받은 표시로 여겨졌다. 결핵의 가장 일반적인 증상은 붉게 달아오른 뺨과 핏기 없는 피부(고대 로마 시대부터 천재성의 상징으로 유명함), 피가 섞인 기침과 '홀쭉한' 몸이었다. 이런 모습들은 예술에 대한 내적 열정의 징표로 생각되었다. 어떤 사람들은 결핵이 예술의 불꽃에 불을 붙인다고 믿었다. 심지어 의사들도 낭만주의의 영향을 받았다. 그들은 결핵을 '죽은 희망'이라는 뜻의 라틴어 '스페스 모리분다'Spes moribunda로 부르기도 했다. 이는 말기 폐결핵 환자의 붉게 달아오른 뺨을 칭하는 것으로서, 건강에 대해 거짓된 인상을 심어 주었다.

죽음은 낭만주의 작품에서 가장 인기 있는 주제였다. 묘지파 시인들은 죽음, 밤, 황폐, 묘지, 그리고 유령을 찬미했다. 가장 인기 있는 주제 중 하나는 상복을 입고 베일을 쓴 과부였다. 영국의 시인 존 키츠(1795~1821)는 결핵으로 25세의 나이에 죽었다. 그의 유명한 시 「나이팅게일 송가」는 죽어 가는 환자의 고통을 노래하고 있다.

미술에서 라파엘화파 화가들은 병적 상태에 집착하여, 보통 꿈꾸는 듯한 표정과 외롭고 기력이 없고 병색이 짙은 모델을 그렸다. 불타는 듯한 붉은 머리털이 특히 인기였다. 라파엘화파 화가들이 가장 좋아한 모델 엘리자베스 시달과 제인 버든은 실제로 결핵에 걸려 있었다고 한다.

낭만주의의 다른 결핵 환자들로는 작가인 로버트 루이스 스티븐슨(1850~1894), 제인 오스틴(1755~1817), 브론테 세 자매, 철학자인 헨리

데이비드 소로(1817~1862), 미술가인 오브리 비어즐리(1872~1898), 작곡가인 프레드릭 쇼팽(1810~1849)이 있다. 어떤 이들은 오래 살았지만 모두들 자신의 삶이 폐결핵에 의해 중도에 끝날지도 모른다는 걸 알면서도 예술에 몰두했다. 물론 모든 예술가가 결핵에 걸리지 않았지만, 많은 경우 그들은 그 병에 걸리기를 바랐다. 시인 로드 바이런(1788~1824)은 열광적인 다이어트 신봉자로서 군살에 대한 강박이 거식증을 불러왔다. 그는 폐결핵이 여자들에게 더 매력적인 사람으로 만들어 줄 거라고 생각했다. 그리고 여자들이 말하는 모습을 상상했다. "저 불쌍한 바이런을 봐. 죽어가는 그의 모습은 얼마나 매력적인가!"

　결국 젊음과 기운이 소진된 수척한 외모에 대한 예찬은 낭만주의 집단을 넘어 반향을 일으키기 시작했고 통통한 상류층의 이상을 수정하게 된다. 20세기 산업화 시대에서 음식의 양은 많아지고 값은 싸졌으므로 굵은 허리는 상류층의 속물 근성을 자극하는 부의 상징으로 적당치 않았다. 대신 긴 목, 빛나는 눈, 장밋빛 뺨, 그리고 결핵에 걸린 낭만적이고 갸날픈 몸이 상류층의 표준이 되었다. 미국의 사교계 명사들, 나치 지지자들, 영국 왕비가 되고 싶어 했던 윌리스 심슨 부인과 같은 상류층 여성들 사이에서 특히 그러했다. 심슨 부인은 "부유함과 마르는 것에 끝은 없다"라고 단언했다. 오늘날 영양실조에 걸린 모델들에 대한 지칠 줄 모르는 패션업계의 집착에서 여전히 병적인 외모의 인기를 볼 수 있다. 이제는 어린 소녀들도 병적인 수척함을 모방해야 하는 강박을 느끼고 있다. 일찍부터 그들은 외모로 인해 주어지는 사회적 특권을 익히게 된다. 그리고 아마도 인기를 얻고 예쁘게 보이려면 말라야 한다고 느낄 것이다. 모순되게도 거대화된 산업사회에서 가장 살찐 이들은 부유층이 아니라 패스트푸드를 먹는 가난한 사람들이다.

결핵에 대한 서구의 낭만주의적 사고방식은 아시아에서도 비슷하게 나타났다. 18세기의 중국 소설『홍루몽』에서 여주인공 임대옥은 사랑하는 연인이 다른 여자와 결혼하는 순간 결핵으로 죽는다. 일본에서는 작가들과 일부 의사들이 결핵을 '상사병'이라고 불렀다. 사람들을 더욱 지적이고 열정적으로 만들어 주는, 갈망이나 좌절에 의해 발생되는 병으로 여겨졌던 것이다. 그래서 사랑에 굶주린 소녀들이나 중국 고전을 부지런히 탐독하는 소년들이 가장 병에 걸리기 쉬운 대상으로 생각되었다. 일본의 작가 도쿠토미 로카(1868~1927)의 1898년 소설『불여귀』(두견새)는 사랑하는 남편이 해외에서 돌아오자 결핵 말기에서 기적적으로 완치된 젊은 아내의 이야기다. 엄청난 인기를 끌었던 이 소설은 영화와 드라마, 유행가의 주제가 되었다. 이것은 결핵을 동경한 일본 문학 장르의 한 가지 예일 뿐이다.

낭만은 사라졌다

결핵의 원인이 병원균으로 밝혀지자 낭만적인 생각의 입지가 사라졌다. 1880년 파스퇴르의 '세균 병원설'이 발표된 후에 과학자들은 병원균을 하나둘씩 발견하기 위해 경쟁을 벌였다. 1882년 3월 마침내 독일의 의사 로베르트 코흐가 8개월의 연구 끝에 결핵균을 추출했다. 결핵은 유전병이 아니었음이 밝혀졌다. 병원균은 사람의 재채기나 기침에서 나온 미세한 침방울을 통해 사람에서 사람으로 전염되는 막대 모양의 미생물이었다. 피할 수는 있지만 치료될 수는 없었다.

새로운 지식을 알게 된 중산층은 사방에 잠복하고 있을 세균을 없애기 위해 청결에 집착했다. 체액은 두렵고 불쾌한 인간의 냄새가 되었다(겨드랑이 땀 냄새 제거제에 대한 연구가 여기에서 시작된다). 침 뱉기, 키스, 그리고 대화도 이제 세균의 위협으로 여겨졌다. 책장을 넘기다가 손에 침을 묻혀 결핵을 널리 옮긴 노동자의 이야기가 입에서 입으로 전해졌다. 당시 영국에는 다음과 같은 표지판이 붙어 있었다. "침 뱉지 마시오! 역겨울 뿐 아니라 세균을 퍼뜨립니다!"

미국에서 결핵을 처음 체계적으로 예방하고 통제하기 시작한 곳은 뉴욕 시였다. 1900년 중앙 공공위생국의 허먼 빅스 박사는 아직도 전 세계에서 결핵 관리에 사용되는 기본적인 절차들을 개발해 냈다. 여기에는 무료 가래검사, 사례의 의무적인 보고, 결핵환자의 강제적인 격리와 치료, 질병에 대한 공공교육, 그리고 생활환경 평가가 포함되어 있었다. 이 방법은 오늘날의 기준에서 보면 독재적이었고 가난한 사람들에게 관리 초점이 맞춰져 있었다. 지금까지도 빈민들이 사회의 근본적인 결핵 보유자들이라는 고정관념이 있다. 빅스는 여전히 모든 공공보건 체계에서 일반화된 개념을 발전시킨 셈인데, 그것은 바로 사회복지가 개인의 자유보다 더 중요하다는 것이다. 정치적, 경제적 영향력이 거의 없는 사람들에게 초점을 맞추었기 때문에 반대하는 사람도 거의 없었다. 그에 비해 중산층과 부유층은 개인적인 복지의 출발점인 사적 의료의 혜택을 누리고 있었다. 공적, 사적 이 두 체계는 각각 나란히 발전했다.

개인에 대한 규제는 사회와 완전히 분리된 기관인 요양소의 설치와 함께, 가끔은 자발적이고 가끔은 강제적으로, 가끔은 수년간 가끔은 평생 걸리면서 절정에 달했다. 부자들이라면 요양소는 환상적인 해변의 온천이나 휴양림이었을 것이다. 가난한 사람들의 요양소는 감옥보다도 작았다. 1950년에 이르면 미국에서 요양소의 침대 수는 백만 개가 넘었다. 요양소의 의사들은 결핵을 치료하기 위해 놀랄 정도로 다양한 치료법을 실험했다. 침대에서의 휴식, 신선한 공기, 갈비 제거, 열 노출, 냉기 노출, 태양 노출, 금 요법, 칼슘 요법, 요오드 요법, 승마, 우유 치료, 포도 치료, 포도주 치료, 간유 등이 있었다. 식이요법은 환자가 무엇을 먹어야 할지에 대한 엄격한 규정부터 영양가 있는 음식으로 채우는 것까지 다양했다. 사회적으로 볼 때 주요한 장점은 감염된 사람들을 격리시킬 수 있는 것이었다.

그 동안 개인의 건강뿐만 아니라 사회 구성원 전체의 건강을 지키기 위한 위생개혁 운동이 일어났다. 빈민들, 국립공원, 공립학교, 병원, 쓰레기 처리, 하수구, 수도시설, 거리 정화를 위한 주거환경 개선과 시장, 도살장, 식당에서 규칙을 만들기 위해 운동을 벌였다. 사상은 단순했으며 대부분은 "환경을 개선하면 인간이 개선된다"는 영국의 공중보건 전문가 에드윈 채드윅에게서 가져온 것이었다. 규제, 격리, 식이요법 그리고 생활환경의 개선은 통합적으로 효과를 나타냈다. 1828년 영국의 결핵 사망률은 1백만 명당 4천 명 정도였다. 1948년 미국의 결핵 사망률은 1백만 명당 400명으로 떨어졌다. 실제로 결핵균을 죽일 수 있는 항생물질이 개발되면서 미국의 결핵 사망률은 사상 최저로 떨어졌다. 1백만 명 당 90명이 사망에 이르렀다. 하지만 미국에 사는 소수민족의 결핵 사망률은 크게 감소하지 않았다. 많은 개발도상국의 사망률도 전혀 감소하지 않았다. 그럼에도 불구하고 분위기는 매우 낙관적이어서 1980년에 미국 의회에 의해 전문가들이 결핵 근절을 위한 자문위원회에 소집되었다. 되돌아보면 이는 놀랍도록 순진해 보이기도 하다.

결핵의 귀환

결핵에 대한 공포심이 사라지면서 결핵 관리체계는 느슨해졌다. 미국에서는 1980년대 동안 결핵 요양소가 문을 닫거나 일반 병원으로 탈바꿈했다. 공공보건의료 프로그램의 재정은 파탄이 났다. 결핵의 감시와 치료에 종사하는 사람들의 임금은 제자리였다. 빈민구제 프로그램을 위한 기금은 대폭 축소되었다. 정신병원은 텅텅 비었고 치료비가 없는 사

결핵을 치료할 항생제가 발견되기 전에는, 가장 추운 날에도 신선한 공기를 매일 마시는 것이 결핵을 예방하고 치료하는 데 중요하다고 여겨졌다.

람들은 길거리나 혼잡한 노숙자 쉼터로 내몰렸다. 1992년 소비에트 연방이 붕괴되고 그와 함께 러시아 제국의 결핵관리 프로그램이 무너졌다. 아프리카와 중앙아메리카에서 일어난 혁명은 그 나라들의 결핵 환자들이 제한된 치료만 받거나 전혀 치료를 받지 못한다는 사실을 세상에 알렸다.

이런 상황 아래서 많은 결핵 환자들은 증상이 약간 약화될 정도의 항생제만 투여받을 수 있었다. 몸속의 모든 결핵균을 제거할 정도의 양은 받지 못했다. 이 항생제는 약한 박테리아를 없앴지만 강한 박테리아는 증식케 해서 오히려 환자들에게 더욱 고통을 주었다. 다음에 이 항생제를 투여하면 전혀 듣지 않았기 때문이다. 강한 미생물들은 내성이 생겼다. 이 결핵 내성균은 붕괴된 사회에서 도망쳐 나온 난민들의 몸속에 잠복해 있다가 전 세계로 퍼져 나갔다. 1993년에 전 세계에서 결핵이 발병하자 세계보건기구(WHO)는 '결핵 비상상태'를 선포했다. 오늘날 전 세계에는 20억 명의 사람들이 몸속에 결핵균을 지니고 있을 가능성이 있다. 10년 후에 그 중 9천만 명은 활동성 결핵으로 진행될 수도 있다. 그리고 그 중 3천만 명은 죽음에 이를 수도 있다.

한때 낭만주의의 매력적인 질병이었던 결핵은 이제 지구상에서 가장 치명적인 질병이 되었다. 박테리아를 통제하는 것이 21세기 공중보건의 가장 거대한 도전이 되었다.

죽음의 보랏빛 시계

독감은 어떻게 제1차 세계대전의 승패를 갈랐을까?

제1차 세계대전은 중세시대부터 영광, 존경, 희생이라는 후광으로 전쟁을 은폐하던 기사도 정신의 이상을 소멸시켰다. 이 전쟁은 처음으로 산업을 이용했고, 그 결과 전쟁이 정의로운 충돌이 아니라 학살의 아수라장임이 드러났다.

죽음의 보랏빛 시계

독감은 어떻게 제1차 세계대전의 승패를 갈랐을까?

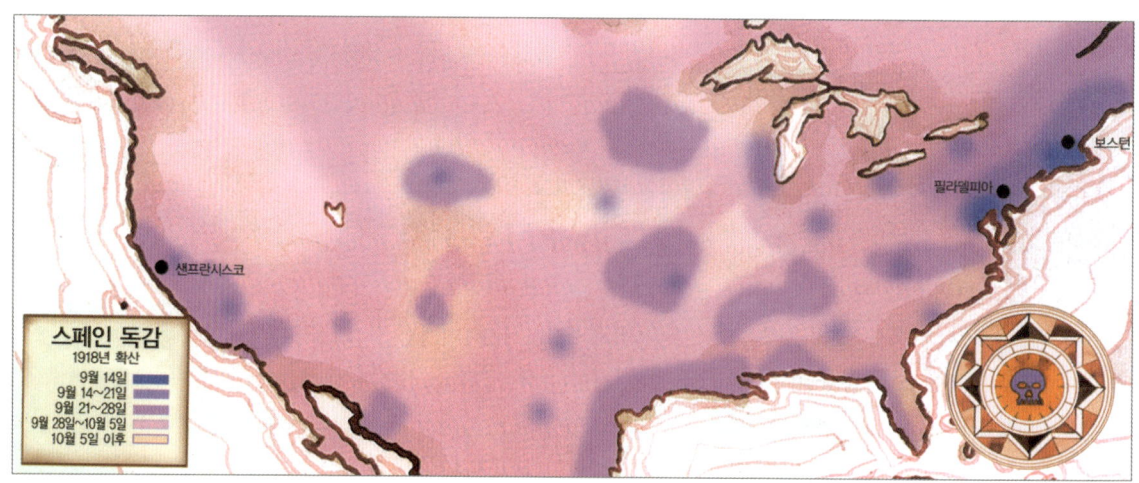

보랏빛 죽음

제1차 세계대전은 중세시대부터 영광, 존경, 희생이라는 후광으로 전쟁을 은폐하던 기사도 정신의 이상을 소멸시켰다. 이 전쟁은 처음으로 산업을 이용했고, 그 결과 전쟁이 정의를 위한 투쟁이 아니라 학살의 아수라장임이 드러났다. 오늘날 우리에게 친숙한 대량학살 무기의 대부분이 여기에서 시작되었다. 탱크, 장거리 대포, 기관총, 공중 폭격, 잠수함 그리고 독가스가 개발되었다. 제1차 대전을 묘사할 때 자주 등장하는 끔찍한 참호전에서 수만 명의 군인들이 1미터의 땅을 얻기 위해 목숨을 잃었

샌프란시스코에서 유행병이 최고조에 달했을 때 마스크를 쓴 사람들이 제1차 세계대전을 끝낸 휴전의 날을 경축했다.

독감 바이러스

다. 또 수만 명의 군인들이 그것을 되찾기 위해 죽었다. 이 전쟁은 '대전'과 '모든 전쟁을 끝낼 전쟁' 등 여러 이름을 갖게 되었다. 우드로 윌슨 대통령(1913~1921년 재위, 제28대 미국 대통령) 이 좋아하는 표현은 "민주주의와 세계 평화를 지키는 전쟁"이었다. 시인 로버트 그레이브스 (1895~1985)는 전쟁터를 "소시지 기계"라고 불렀는데, "산 사람들을 집어넣어, 시체를 대량 생산하고, 자리를 잡도록 단단히 쥐어짜기 때문"이었다. 1914년부터 1918년까지 1천 5백만 명이 죽었고, 그 중 9백만 명이 전쟁터에서 사망했다.

그러나 전쟁이 끝나기 직전 몇 달 동안 인간이 고안한 그 어떤 것보다 파괴력을 가진 새로운 살인마가 나타났다. 그것은 스페인독감으로, 20세기에 가장 광범위하게 퍼진 엄청난 유행병이었다. 보통 감기처럼 이 병에 걸린 사람들은 무기력해지고 열이 나고 아프게 된다. 그러나 이 계통의 독감에 감염된 많은 사람들은 회복 단계로 접어들지 않고 폐를 피 거품으로 채우는 치명적인 폐렴으로 발전되었다. 몸의 조직에서 산소가 빠져나가 헐떡거리는 환자의 피부는 죽기 전에 병색이 짙은 보랏빛이 된다.

스페인독감에는 또 다른 치명적인 특성이 있었다. 대부분의 유행성 독감은 영유아나 고령층의 노인을 죽음에 이르게 한다. 그러나 이 독감은 전쟁터에서 만날 법한 사람들, 즉 스무 살에서 서른 살의 젊고 건강한 청년들에게 가장 치명적이었다. 제1차 세계대전에서 사망한 10만 명의 군인 중에 4만 3천 명이 스페인독감으로 죽었다. 미국에서 독감으로 사망한 사람이 50만 명가량이었다. 전 세계에서 독감 사망자는 2,000만 명에서 1억 명에 이르렀다. 인도에서만 2,000만 명이 사망했다고 짐작된다. 알래스카와 태평양의 고립된 섬 중 몇몇은 거의 모든 원주민이 사망하기도 했다.

'보랏빛 죽음'은 엄청나게 많은 사람들을 죽음으로 내몰았을 뿐만 아니라 세계의 역사를 바꾸었다. 제1차 세계대전의 마지막 전투에서 주전 선수로 참가했고 베르사유 평화조약을 체결시키는 역할을 했다. 또한 가장 만반의 준비가 된 정부들조차 산 사람을 돌보고 죽은 사람을 묻을 수 있는 능력의 범위를 벗어났다. 또한 오늘날의 세계 독감 감시 체계와 매년 가을 독감 예방접종을 실시하는 데 촉매 역할을 했다. 가장 중요한 것은, 스페인독감의 특징을 과학적으로 연구해 전혀 새로운 것을 발견함으로써 의학계에 혁명을 일으킨 것이다. 바로 최초로 항생제를 개발한 것이다.

피 묻은 체스판

정치적, 경제적, 사회적인 측면에서 제1차 세계대전은 기존의 질서를 파괴하고 오늘날 우리가 떠안고 있는 많은 갈등을 탄생시킨 기념비적인 사건이었다. 1914년 8월 전쟁이 시작되었을 때, 유럽은 정략결혼과 비밀조약으로 서로를 견제하고 협력함으로써 낡은 군주제와 제국을 간신히 유지하고 있었다. 이 전쟁은 1918년 11월에 종전이 선언되었다. 전쟁은 마치 연극처럼 '11월 11일 11시'에 끝이 났다. 러시아 제국이 몰락한 자리에 소비에트연방이 탄생했고, 오스만 제국과 오스트리아-헝가리 제국은 해체됐다. 오스만 제국의 몇 개 지역이 합쳐 이라크가 탄생했다.

팔레스타인은 영국령이 되었고, 이스라엘의 탄생과 그에 따르는 분쟁으로 가는 길이 열렸다. 모든 재앙의 진원지로 지목된 독일제국은 식민지를 빼앗기고 엄청난 배상금을 지불해야 하는 굴욕을 당했다.

스페인 숙녀 때문이야

제1차 세계대전은 질병을 의식한 최초의 전쟁이었다. 9년 전에 일어난 러일전쟁(파스퇴르와 코흐의 발견 이후 처음 일어난 주요 충돌)은 군인들의 위생 상태를 개선하면 질병으로 인한 사망률이 전투로 인한 사망보다 적어질 수 있음을 보여 주었다. 이 사실은 이전의 전쟁에서 군사 충돌보다 감염성 질병으로 인해 죽은 군인이 많았다는 점에서 아주 중요했다. 이러한 선례를 알고 있었기에 제1차 세계대전 중 양 진영의 군 지휘자들은 유행병의 전파를 막기 위해 유례없이 철저한 경계 조치를 취했다. 특히 벼룩과 사람 몸의 이가 옮기는 박테리아에 의해 발생되는 발진티푸스를 경계했다. 이 박테리아는 자주 목욕할 수 없거나 옷을 갈아입지 못하는 환경에서 번식한다. 전쟁 초기에 양 진영은 최전선에서 귀환하는 병사들의 이를 철저히 박멸했다. 그러나 세르비아에서 위생 관리에 구멍이 생기고 말았다. 1914년에만 발진티푸스로 20만 명이 사망했다. 종전 뒤에 발진티푸스는 이제 막 출범한 소비에트연방으로 퍼졌고, 그곳에서 4년 동안 1천만 명의 사망자를 냈다. 레닌은 다음과 같이 말했다고 한다. "사회주의가 이를 박멸하든 이가 사회주의를 박멸하든 둘 중 하나이다."(결국 사회주의가 이겼다.) 그러나 발진티푸스보다 더 치명적인 것이 독감이었다. 어떤 군대도 이 '스페인 숙녀'보다 무시무시한 살인마와 마주친 적이 없었다.

스페인독감으로 불린 이유는 스페인에서 시작되었기 때문이 아니라 스페인 신문에서 맨 처음 보도했기 때문이었다. 왜일까? 당시 스페인은 중립국이었으므로 언론에 대한 검열을 하지 않았다. 전 세계에서 사람들이 병에 걸려 죽어 갔지만, 미국을 비롯해 참전 중인 나라들은 적에게 유리한 것이라 생각되면 어떤 소식이라도 통제하고 있었다.

최초로 '보고된' 스페인독감의 발원지는 1918년 3월 미국 캔자스 주의 포트 라일리였다. 이 유행성 감기 환자들은 사흘 동안 통증, 열, 오한이 나고 얼굴이 상기되는 등의 가벼운 증상과 일주일간의 숙취에 시달리는 정도에 그쳤다. 전쟁 지역으로 독감이 퍼지자 의사들은 이 독감을 "즐거운 질병"이라고 불렀다(모두 아팠지만 아무도 죽지 않았다). 그렇지만 군인들은 그리 달갑지 않았다. 이 병을 부르는 이름은 나라마다 달랐다. 프랑스인들은 '불 인플루엔자'로 괴로워했고, 영국은 '사흘간의 열병'에 고통받았다. 이탈리아는 '모래파리 열병'에 불만을 터뜨렸다. 미국은 '녹다운 열병'으로 쓰러졌다.

증세는 심각하지 않았지만 결정적인 순간에 최초의 독감 물결이 독일에 도착했다. 에리히 루덴도르프 장군은 "번개 독감"에 적군이 무척 괴로워한다는 소식을 처음 듣고서, 카이저 빌헬름 2세에게 그것이 아군에게 도움이 될 것이라고 보고했다. 그러나 독일 군인들이 쓰러지기 시작하자 루덴도르프 장군은 7월 평화 공세의 패배를 독감 탓으로 돌렸다. 이 전투는 사실상 독일이 승리할 수 있는 최후의 기회였다. 나중에 미국 군인들이 유럽으로 들어왔을 때는 연합군의 승리가 확실시되었다. 충돌은 1918년 몇 달간 거세졌지만 결과는 이미 결정되어 있었다.

마스크를 반드시 착용할 것

1918년 7월에 제1차 독감 유행은 세계에서 조용히 사라져 갔다. 하지만 8월에 제2차 유행이 아프리카의 시에라리온, 프랑스, 그리고 미국 매사추세츠의 군인들 사이에서 동시에 나타났다. 그것은 급속히 퍼져 나갔다. 매주 수천 명이 독감 때문에 죽어 갔지만 미국인들은 전염병보다 전쟁에 더 관심을 쏟았다. 그들은 자신도 모르게 병을 전염시키는 행위들을 하고 있었다. 수천 명의 군인이 기지에서 기지로 옮겨 다녔다. 수십만 명은 전쟁 비용을 모으기 위해 '자유 국채' 퍼레이드에 참가하려 몰려들었다. 9월에는 미국의 모든 주요 도시가 감염되었다. 대부분의 도시에서 한 달 동안 독감 전염이 지속되었다. 어떤 도시에서는 유행병이 두세 차례 일어나기도 했다.

샌프란시스코는 시민들에게 최악의 상황을 대비하라고 경고했다. 웨스트코스트에서 유행병은 정점을 지난 후 한 달 동안 동쪽 해안가에 머물렀다. 시의 공무원들은 필라델피아 같이 전염병에 무방비로 노출된 도시들에서 들려오는 소식을 신문으로 접했다. 의료진 등의 일손이 부족한 병원들은 환자로 넘쳐 나고, 시의 시체공시소는 부패된 시신들 수백 구가 네 겹으로 쌓여 있다는 것이었다(원래 36명 수용 가능함). 또한 유족들은 죽은 가족의 무덤을 직접 파야 하고, 장례식장은 요금을 두 배로 받는다고 했다. 심각한 상황을 감지한 샌프란시스코는 여분의 관을 주문하고 공동묘지를 준비했다. 모든 시민은 아기들까지도 공공장소에서는 항상 거즈 마스크를 착용해야 한다는 '마스크 법령'을 공포했다. 주의사항을 상기시키는 시도 발표되었다. "법에 순종하라 / 그리고 마스크를 착용하라 / 전염의 손아귀로부터 / 턱을 보호하라."

마스크의 수요를 충당하기 위해 상인들은 몇 가지 형태를 만들었다. 고전적인 병원 마스크(45센티미터 크기의 거즈를 삼각건처럼 접은 것), 착용한 사람을 돼지처럼 보이게 하는 주둥이가 앞으로 튀어 나온 형태의 마스크, 턱 아래로 늘어지는 베일 형태의 마스크가 있었다. 하지만 이 모든 마스크가 결국 아무 소용 없음이 밝혀졌다. 사람들이 밀착하여 지내는 집에서는 마스크를 쓰지 않았기 때문이었다. 식사를 하기 위해서는 마스크를 벗어야 했다. 게다가 독감 바이러스가 아직 발견되기 전이었으므

독감이 유행하는 동안 필라델피아의 시체 공시소에는 시체들이 네 구씩 묶여서 쌓였다.

로, 성기게 짜인 거즈의 구멍 하나 속으로 수백만 개의 미세한 병원균이 들락날락할 수 있다는 사실을 누구도 이해하지 못했다. 샌프란시스코의 독감 사망률은 다른 도시와 비슷했다. 시 당국은 더 이상 어떻게 손써 볼 수 없는 상태에 빠졌다. 정말로 놀라운 광경이었다. 하얀 마스크를 쓴 3만 명의 시민들이 전쟁의 종결을 축하하기 위해 11월 11일 시청 앞에서 노래하고 춤추며 깃발을 흔들어 댔다.

승자와 패자

독감으로 인한 여파는 엄청났다. 독감에서 살아남은 사람들 중 상당수가 나중에 뇌염으로 발전했다. 뇌염은 환자가 가끔씩 혼수상태에 빠져 쉴 새 없는 잠에 빠지게 하는 병이다. 1928년에 병이 퇴치되기 전까지 5백만 명의 사람들이 죽음에 이르렀다. 살아남은 사람들도 완전히 회복되지 못했다. 그들은 주변을 알아볼 수 있었지만 움직일 수 없게 되었다.

프랑스 베르사유에서 전후 평화협상을 벌이던 우드로 윌슨 대통령도 독감에 걸렸다. 당시 그는 세계에서 가장 인기 있는 지도자였다. 미국 군대는 전쟁을 끝내기 위해 필요한 힘을 가지고 있다는 것을 증명했다. 의제를 밀어붙여 통과시킬 수 있는 사람이 있다면, 그 사람은 바로 윌슨이었다. 그는 미래의 세계대전을 예방하기 위해 14개조 평화원칙을 밀어붙이기 위해 회담에 왔다. 그러나 윌슨이 병에 걸려 더 이상 협상에 영향력을 발휘할 수 없게 되자, 다른 동맹국들은 독일에 감당할 수 없는 배상금을 강요하고 자신들을 위한 영토를 얻어 냈다. 결국 베르사유 조약은 윌슨이 희망했던 더 나은 세상을 위한 청사진이 아니었다. 그것은 복수이자 '합법적 강탈'이었다. 상황은 더 악화되어 미국 의회는 평화를 유지하는 기구로써 윌슨이 제안한 국제연맹의 참가를 거부했다. 전쟁 중에 실업과 극심한 인플레이션이 이미 독일 경제를 마비시켜서, 독일 사람들은 심지어 아돌프 히틀러의 증오로 가득 찬 환상에라도 귀를 기울일 상황이 되었다. 제2차 세계대전이 이미 싹트고 있었던 것이다.

발견! 페니실린

독감Influenza은 '영향'Influence을 뜻하는 이탈리아어다. 그 이름은 별과 행성이 건강을 비롯해 인간의 성격과 생활에 영향을 미친다는 점성학에서 나왔을 것이다. 독감은 오래전 처음에 새에게서 발견되어 진화된 질병이다. 오늘날 바이러스의 주요 숙주는 오리, 거위, 그리고 이동하면서 바이러스를 세계에 퍼뜨리는 갈매기 같은 야생 물새 무리다. 물새들은 먹이를 먹으면서 바이러스를 섭취하고 배설물과 함께 밖으로 내보낸다. 새들은 바이러스에 감염되지 않는데, 아마도 오랫동안 기생충과 숙주 관계로 지내왔기 때문일 것이다. 그러나 닭과 같은 가금류는 바이러스에 준비되어 있지 않았다. 바이러스는 그것들을 죽게 한다. 닭 한 마리가 감염되면 무서운 기세로 무리 속으로 폭발적으로 퍼져 나간다. 바이러스에 감염된 조류의 면역계는 병을 극복하기 위해 항체를 만들려고 한다. 이런 종류의 압박 속에서 독감 바이러스는 변하기 쉬워지는 것이다. 각 세대는 지난 세대의 바이러스와 조금씩 달라진다. 이런 특성으로 인해 바이러스는 일부 숙주들의 면역계를 무너뜨리는데, 이것이 지역적인 유행병을 유발하게 된다. 수십 년마다 독감 바이러스는 거의 모든 숙주에게 영향을 미칠 만한 형태로 진화한다. 이것으로 인해 세계적 범유행이 생겨난다. 스페인독감도 그런 경우였다.

독감 바이러스는 어떻게 우리 인간을 감염시키게 되었을까? 동물과 가까이 사는 사람들은 많은 병원균들에게 숙주를 바꿀 기회를 준 셈이었다. 과거 어느 시점에 독감 바이러스는 직접적으로 혹은 매개 숙주를 통해 조류에서 사람에게로 뛰어들어 왔다. 돼지의 몸은 바이러스의 '혼합 공장'으로 불릴 정도로 바이러스가 잘 섞이는 장소이다. 돼지가 독감 바이러스를 받아들이는 문(수용체)이 사람과 비슷하기 때문이다. 사람들, 가금류, 그리고 돼지들이 가까이 모여 사는 곳이 바로 중국의 시골이다. 주요 독감의 범유행이 대부분 거기에서 시작된 것은 놀랄 일이 아니다. 1918년 스페인독감도 중국에서 발원한 것으로 보인다. 제1차 세계대전 동안 참호를 파기 위해 수천 명의 중국 노동자들을 유럽으로 데려왔는데, 아마도 이들이 질병을 옮겼을 가능성이 크다.

스페인독감이 수그러든 후에 세계 독감 감시망이 또 다른 범유행병의 재발을 막기 위해 만들어졌다. 감시망에 소속된 과학자들은 매년 독감 발생의 특질을 평가하고 이 정보를 제약회사들에게 제공해 백신을 개발할 수 있게 도와준다. 중국과 아시아는 특히 주목을 받고 있다. 몇 가

알렉산더 플레밍이 처음 항생물질을 발견했을 때, 그는 스페인 독감 박테리아의 원인을 찾는 중이었다. 페니실리움 노타툼 포자가 포도상 구균으로 이미 오염되어 있던 페트리 접시로 날아왔다. 플레밍은 그것이 박테리아의 성장을 억제하는 독성을 방출한다는 사실을 알아냈다. 그는 그것을 '페니실린'이라고 불렀다.

지 치명적인 독감 유행병이 이런 식으로 진압되었는데, 1957년 아시아 독감과 1968년 홍콩독감이 그러했다. 1991년 홍콩 조류독감과 2004년 아시아 조류독감 모두 사람에게 전염되었는데, 보균 가능성이 있는 닭을 모조리 도살함으로써 사그라들었다. 2004년 캐나다에서는 프레이저 계곡에서만 1천 9백만 마리의 새들이 도살되었다. 2001년 이후 미국의 질병통제센터는 국제 신흥 전염병 퇴치 프로그램의 확립으로 독감 감시에 발전을 이루었다. 2003년 태국에서 그 프로그램의 사무실은 지금까지 본 적 없는 독감의 범유행을 세상에 경고했는데, 바로 중증급성호흡기증후군(SARS:사스)이다. 이 범유행은 전 세계 과학자들의 유례없는 협력으로 진압되었는데, 독감 감시망이 있었기에 가능했다. 이러한 협력은

죽음의 보랏빛 시계 105

미래에 가장 필수적일 것이다. 과학자들은 독감 바이러스의 불안정성으로 인해 또 다른 치명적인 스페인독감류가 발생하는 것은 시간문제라고 말한다. 세계보건기구의 임원들은 그런 일이 발생하면 세계 인구 중 10억 명이 병으로 쓰러질 수 있다고 추정한다. 효과적인 대응이 없으면 1억 8천만 명 정도가 죽을 것이라고 한다. 그러나 1918년과는 달리 우리는 이런 범유행이 다가올 것임을 알고 있다. 우리는 최악의 상황을 대비할 수 있다.

스페인독감의 가장 중요한 성과는 페니실린의 발견이다. 독감은 1933년까지 바이러스에 의해 일어나는 질병으로 인식되지 않았다. 많은 과학자들은 박테리아가 독감을 발생시킨다는 독일의 생물학자 리하르트 프리드리히 요한네스 파이퍼(1858~1945)의 의견을 수긍하고 있었다. 1928년 스코틀랜드 과학자 알렉산더 플레밍(1881~1955)은 '파이퍼 세균'으로 알려진 박테리아를 추출해 내려고 애쓰는 중이었다. 플레밍이 휴가를 간 사이에 옆 실험실의 포자가 희귀한 모양의 페니실리움 노타툼Penicillium notatum으로 그의 박테리아 배양접시를 오염시켰다. 플레밍은 그것이 박테리아의 증식을 억제한다는 사실을 알아냈다. 그는 세계 최초의 항생물질과 우연히 마주친 것이다! 그는 병원균 박테리아를 죽이는 이 물질을 '페니실린'이라고 불렀다.

플레밍은 자신의 발견을 계속 발전시켜 나가지 못했다. 10년 후에 다른 두 명의 영국 의사 하워드 플로리(1898~1968)와 언스트 체인(1906~1979)이 페니실린을 치료제로 사용할 수 있는지 알아내고자 했다. 제2차 세계대전으로 인해 부상당한 군인들의 치료를 위해 그 어느 때보다도 약이 필요했기에 이런 실험들은 가속화되었다. 당시 군인들은 작은 상처들이 곪아서 탈저로 발전되어 팔다리를 잃거나 심지어 죽기도 했다. 바이러스에 듣지 않던 페니실린이 기적적으로 박테리아 감염을 저지했다. 이전의 전쟁에서 감염증으로 사망했던 병사들은 이제 전쟁터로 돌아갈 수 있게 되었고 연합군에게 적군을 뛰어넘는 중요한 강점을 제공해 주었다. 페니실린 생산은 미국으로 옮겨졌고 생산 규모는 이전의 미생물 배양용 페트리 접시와 실험실 접시에서 양조용 큰 통으로 백만 배가량 무섭게 확장되었다. 페니실리움의 계통 역시 플레밍의 페트리 접시에 있는 낮은 산출량의 균류에서 일리노이 주의 피오리아 시에 있는 보다 생산적인 곰팡내 나는 멜론 계통으로 변화했다(그 종의 돌연변이인 페니실리움 크리소제눔은 오늘날에도 쓰인다). 1945년에 이르면 미국은 한 달에 25만 명을 치료할 수 있는 충분한 양의 페니실린을 생산하게 되었다. 항생제의 시대가 시작된 것이다.

붉은 여왕과 달리기

병원균은 어떻게 우리 삶을 달라지게 할까?

"이제 감염성 질병의 문이 닫혔습니다."
1967년 미국의 외과의사 윌리엄 스튜어트는 이렇게 공표했는데, 그것은 허풍도 아니고 말실수도
아닌 듯했다. 그것은 모든 것이 가능해 보이는 시대의 당연한 선포였다. 당시에 천연두는 순조롭게
근절되고 있었다.

붉은 여왕과 달리기

병원균은 어떻게 우리 삶을 달라지게 할까?

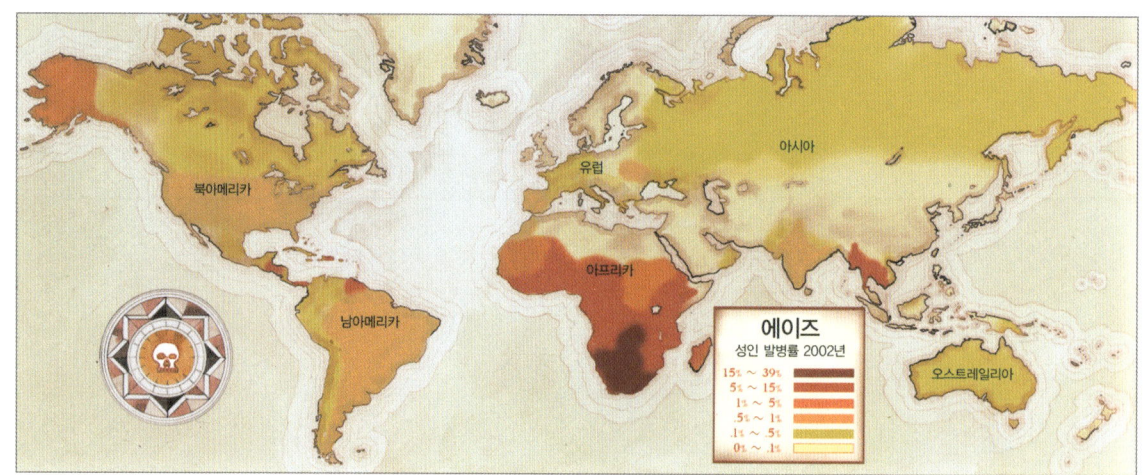

세균이 더 똑똑하다

"이제 감염성 질병의 문이 닫혔습니다."

1967년 미국의 외과의사 윌리엄 스튜어트는 이렇게 공표했는데, 그것은 허풍도 아니고 말실수도 아닌 듯했다. 그것은 모든 것이 가능해 보이는 시대의 당연한 선포였다. 당시에 천연두는 순조롭게 근절되고 있었다. 척추성 소아마비는 치료될 수 있었다. 결핵은 쇠퇴기에 접어들었다. 말라리아와 황열병은 진압되었다. 홍역은 사라지고 있었다. 성병은 진압될 수 있었다. 전염병이 거의 진압되면서 암과 심장 질환 같은 만성질병

병원균과 우리의 경주는 아직 끝나지 않았다. 우리가 병원균을 꼼짝 못하게 할 새로운 방법을 개발해 내면, 그들은 우리를 뛰어넘는 새로운 방법을 찾아낸다. 지금까지는 세균이 더 똑똑하다는 것이 증명되었다.

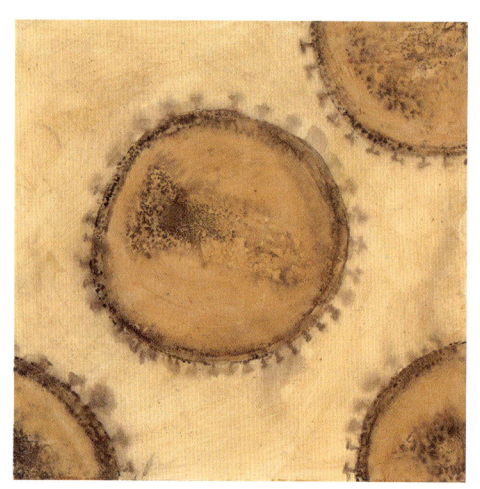

인체면역결핍바이러스

퇴치가 미래의 목표처럼 보였다.

그러나 세기말이 되자 지금까지의 면역학적 성과가 모두 역전되었다. 한때 위풍당당하던 공공보건 체계는 스스로 성공의 희생자가 되어 비틀거렸다. 감염성 질병에 대한 공포가 사그라지자 많은 정부가 공공보건 기금을 삭감했다. 부모들은 이전에는 당연하게 여기던 예방접종이 혹시 일으킬지도 모르는 부작용을 염려했다. 자폐에서부터 죽음까지 부작용을 꼼꼼히 따져 보기 시작했다. 점점 더 많은 사람들이 백신접종을 하지 않았다. 디프테리아, 백일해, 유행성 이하선염, 홍역, 황열병이 다시 건강 문제로 떠올랐다. 20세기 중반에 사라졌던 박테리아성 질병들이 재발했을 뿐 아니라 항생제에 더욱 막강해졌음이 입증되었다. 근심에 싸인 감염성 질병 전문가들은 무엇인가 변화가 오지 않으면 가장 강력한 항생제도 결국 쓸모없어질 것이라고 경고했다.

결국 전염병 중 천연두만이 다시 병에 가둬졌음이 밝혀졌다. 1991년 19세기 후반의 질병에 낙담한 컬럼비아대학의 물리학자 해럴드 뉴는 애처로운 명언을 남겼다. "박테리아는 인간보다 더 영리하다." 2002년에는 플린더스대학의 미생물학 교수인 피터 맥도널드가 훨씬 더 결정적인 고백을 했다. "세균은 인간보다 똑똑하며 점점 더 똑똑해지고 있다."

코흐와 파스퇴르 시대 이후 우리는 전염병과의 관계를 일종의 전쟁으로 여겨 왔다. 세계 곳곳이 전쟁의 피로 가득한 20세기에 질병은 또 다른 적이었다. 질병을 정의하는 데 군사용어가 사용되기 시작했다. 인간의 몸은 요새, 미생물은 적군, 약은 우리의 무기였다. 모두가 감기와 '싸우던' 시절에 감염성 질병을 다른 방식으로 생각하기는 어려웠다. 이런 사고방식의 문제점은 전쟁처럼 우리가 미생물을 이길 수 있고 그들의 패배가 지속될 것이라고 가정하는 것이다. 문제는, 우리는 우리가 미생물과의 전쟁에서 완전히 이겼다고 여기기 때문에 아무도 미생물에 대해 더는 얘기하지 않는다는 것이다.

미생물의 진화

생각해 보면 오늘날 우리의 딜레마는 예견된 것이다. 앞에서 살펴본 대로, 항생물질은 미생물 전부를 죽이는 것이 아니라 약한 것들만 제거한다. 저항성 있는 몇몇 미생물은 살아남아서 번식하고 세력을 키우게 된다. 이것은 일종의 진화로, 살아 있는 모든 것들 사이에 변화를 몰아가는 진짜 '보이지 않는 손'이다. 미생물처럼 인류는 진화하도록 압력을 받아 왔다. 우리는 미생물로부터 보호받기 위해 피부를, 침입자들을 물리치려고 정교한 내부 면역계를, 우리 후손들이 유전적인 체질을 보완하고 더 강한 숙주가 되도록 성적 번식을 발달시켰다. 인간과 미생물 양쪽 모두에게 변화의 과정은 수천 세대에 걸쳐 일어난다. 미생물은 몇 년이 아니라 몇 시간 이내에 증식한다는 차이점이 있다. 따라서 진화의 경주에서 미생물들은 항상 이기게 되어 있다.

우리는 개체 수를 증가시키기 위해서 항균, 항바이러스, 항생제 그리고 우리의 진화적 무기를 위한 다른 약물들을 개발해 왔다. 그러나 페니실린을 사용한 후 3년밖에 지나지 않은 1946년에 포도상구균 박테리아가 내성을 보이기 시작했다. 다양한 감염증을 치료하기 위한 약물을 세계적으로 대량 공급함으로써 내성이 증가했다. 1952년경 모든 포도상구균의 3/5가 페니실린에 내성을 보였다. 오늘날 그 수치는 95퍼센트에 이른다.

1943년 10월에 두 번째 항생제가 발견되었다. 그것은 스트렙토마이신으로 결핵을 완전히 치료할 수 있음이 입증되었다. 이 새로운 약은 곧 세계 전역에 톤 단위로 팔려 갔다. 1955년 미생물들이 내성을 보이기 시작했다. 페니실린과 스트렙토마이신의 성공으로 제약회사들은 새로운 항생물질을 추출할 수 있는 박테리아와 그것을 대체할 균류를 발견하기 위해 전 세계의 흙을 채취해 실험하기 시작했다. 그 결과 약 8천 가지의 항생물질이 발견되었는데, 그 중 몇 가지는 사람들에게 사용해도 안전했다. 추출된 항생물질의 효과가 입증되면 상업적으로 대량생산되었고 사용되었다.

모든 경우에 박테리아는 적응했고 내성을 갖게 되었다. 메디실린은 페니실린에 내성을 나타내는 균에 의한 감염증을 치료하기 위해 1960년대에 사용되었다. 다음 해에 메디실린에 내성이 나타났다. 강력하고 비싼 항생제인 밴코마이신은 1956년에 처음 사용되었고, 1960년대까지 메디실린에 내성을 가진 포도상구균 치료에 사용되었다. 1986년에 일부 미생물들은 이 항생제에서도 번식했다. 밴코마이신의 대체물인 라인졸리드에 내성을 가진 세균은 1999년에 나타나기 시작했다.

오늘날 수십만 톤의 항생제가 세계에서 생산되어 매년 50억 달러 정도의 매출을 보이고 있다. 넘쳐 나는 조제약과 함께 항생물질은 인류 진화의 힘이 되고 있다. 하지만 병원은 박테리아와 바이러스들이 유용한 특색을 맞바꿀 다양한 기회를 제공함으로써, 오히려 내성 박테리아와 질병 확산의 중심이 되고 있다. 매년 수백만 명의 환자들이 병원에서 감염되고 있다. 이로 인해 수만 명이 죽었다. 이것은 미국과 같은 선진국에서도 마찬가지다. 미국에서는 예산 삭감으로 인해 병원 세탁물을 소독하고 감염자들을 격리시키는 등의 기본적인 위생 절차가 부족하다. 러시아와 아프리카도 비슷한데, 병원이 가난하다는 것은 백신 주사기가 수백 번 재사용되어야 한다는 뜻이므로, 실제로 한 환자에서 다른 많은 환자들에게 질병이 주입되고 있다.

상황은 더욱 나빠지고 있다! 일부 과학자들은 '고의적으로' 미생물의 진화를 가속화시키고 있다. 전 세계에서 생화학무기 실험실들이 몇 가지 다른 미생물들의 특징을 혼합해 새로운 병원균을 만들어 내고 있다(역병, 천연두, 콜레라가 하나로 합쳐진다고 생각해 보자). 이 무시무시한 '키메라들'은 인간의 저항력과 항생물질 모두를 압도하도록 설계되고 있다. 우연이든 고의이든 노출될 경우에 이 병원체들은 우리 모두를 죽일 수도 있다.

우리가 현대의 위생 상태와 항생제가 없는 시대로 돌아간다면 세상이 어떨지를 생생하게 보여준 것이, 바로 2004년 12월 26일 아시아에서 일어난 지진해일(쓰나미)이다. 순식간에 지진으로 인한 거대한 파도가 인도양 해안가에 살고 있던 15만 명의 사람들을 휩쓸어 버렸다. 재난이 발생하고 며칠, 몇 주, 몇 달이 지난 뒤에도 수천 명의 부상자들은 간단한 응급조치도 받지 못했다. 깨끗한 물, 비누, 붕대, 그리고 항생제도 없었다. 25센트짜리 알약 하나면 치료될 수 있는 간단한 상처들 때문에 팔다리가 썩어 갔다. 대안이 없는 의사들은 미국 남북전쟁 때 쓴 방법을 사용해야 했다. 환자를 살리기 위해 썩어 가는 팔다리를 절단하는 것이었다. 인도네시아에서 지진해일이 발생하고 몇 달 후 의사들은 너무 많은 절단수술 때문에 수술도구마저 바닥나기 시작했다.

지금부터 시작!

바이러스는 박테리아보다 훨씬 더 빨리 진화할 수 있다. 인체면역결핍 바이러스인 HIV의 이야기는 잘 알려져 있다. HIV는 후천성면역결핍증(AIDS : 에이즈)을 유발하는 바이러스이다. 에이즈는 인간의 면역계를 파괴하고 결핵처럼 다른 기생충에게 감염의 문을 열어 버린다(에이즈는 결핵 유행병을 가속화하는 수단이었다). 현재 4천만 명 정도가 이 바이러스에 감염되었다. 매년 4백만 명의 새로운 감염자가 발생하는데 감염자수는 점점 늘어나고 있다. 에이즈의 정체가 밝혀진 1981년 이후에 2천만 명의 사람들이 이 질병으로 사망했다.

HIV는 아마도 대부분 아프리카의 영장류에서 우리에게 옮겨 왔을 것인데, 아프리카는 이제 죽음의 주요 진원지가 되고 있다. 에이즈는 혈액 등의 체액 교환을 통해 사람에서 사람으로 전해진다. HIV는 매우 급격히 진화해서 한 사람이 수천 가지 다른 HIV 변형의 숙주 노릇을 하게 된다. 한 가지 약물 치료에 대한 내성은 몇 년이나 몇 달이 아니라 며칠 안에 발달된다. HIV는 계속 진화하고 치료법은 없고 불쾌한 '세 가지 약물 칵테일'에 의해 일시적으로 진압될 수 있을 뿐이다. 감염된 사람은 남은 일생 동안 매일 몇 번씩 약을 먹어야 한다. 현재 그 비용은 1년에 환자 한 사람당 약 2천만 원이 넘는다. 최근 HIV 바이러스의 변종이 발견되었는데 가장 극단적인 치료에조차 내성을 갖고 있었다.

다른 역병처럼 에이즈는 공포, 탐욕, 수치심, 분노, 비난, 증오, 그리고 폭력과 같은 우울한 감정들을 유발한다. 그러나 이런 불행한 기록들은 이성과 놀라운 과학적 노력에 의해 균형이 잡히고 있다. 이제 우리는 에이즈의 원인을 알고 예방책을 알고 처방책을 알고 있다. 하지만 이 지식이 그 유행병을 멈출 수 있을 것인지는 아직 알지 못한다. 또한 그것이 우리의 사회적 관계, 정치적 선택, 경제적 발전에 끼칠 장기적인 영향을 예견할 수 없다. 그러나 인류가 에이즈로 무기력하게 죽으면 안 된다는 사실만은 명확하다. 인류가 계속 그렇게 죽어 가는 것은 흑사병 시대 이후 우리가 전혀 변화하지 않았음을 알려주는 척도이기 때문이다.

다시 손 씻기

에이즈의 사례가 보여 주듯이 인간이 부추긴 세균의 진화를 따라잡으려는 노력은 비싼 값을 치루고 있다. 미국에서만도 1년에 1천억 달러 이상이 든다. 더 중요한 것은, 내성을 가진 미생물을 치료하는 비용이 상승하면서 점점 많은 사람들이 약을 살 수 없게 된다는 것이다. 가난한 나라 아이티에서는 소수의 상류층을 제외하고 거의 모든 사람들이 그렇다. 미국에서 4천 2백만 명이 넘는 사람들이 의료보험의 혜택을 누리지 못하는데, 이는 인구의 1/5에 해당한다.

대안은 없는 것일까? 물론 있다. 내성은 생물학적으로 유용한 특질이

지만 대가를 치르게 한다. 항생제와 살충제 같은 압박을 제거하면 내성 미생물들은 그들의 이점을 잃게 된다. 내성은 사그라진다. 문제는 우리가 자기 만족을 느끼고 방심하는 것이다. 다시 말해 우리의 태도를 바꿔야 한다. 야외에서 다시 모기를 박멸하고, 황열병, 웨스트나일 바이러스와 말라리아 매개체인 모기가 번식할 수 있는 썩은 물을 없애야 한다. 병원에서는 더 기본적인 위생으로 돌아가야 한다. 엄격한 소독과 제멜바이스식 손 씻기를 실행해야 한다. 놀랍게도 미국의 의사들은 병원에서 보내는 시간의 40 내지 60퍼센트만 엄격한 손 씻기 규정에 따른다. 청결하다고들 하는 스위스 의사들 역시 꽤나 심각하다.

일반적인 시민들(우리를 뜻한다)도 손 씻기 습관이 몸에 배지 않은 탓에 많은 미생물들에 전염되는데, 그 중에는 세계 인구의 절반을 감염시켰고(80퍼센트가 넘는 곳도 있음) 이제 막 밝혀지고 있는 원생동물 톡소플라스마 곤디도 있다. 톡소플라스마는 흙속이나 여러 포유류, 특히 고양이 몸속에 산다. 보통 고양이의 깔개를 바꾸고 바로 손을 씻지 않으면 톡소플라스마에 감염된다. 상한 고기도 또 다른 경로이다. 톡소플라스마는 임산부에게 위험하다. 그것은 태아에게 손상을 줄 수 있다. 에이즈 환자에게도 좋지 않은데, 치매를 불러일으킬 수 있다. 기생충이 사람의 성격이나 자극에 대한 반응 속도에 미치는 영향을 뚜렷이 나타낼 수는 없지만, 대부분의 사람들은 자신이 기생충의 숙주라는 사실을 전혀 인식하지 못한다. 톡소플라스마에 감염된 사람들은 비감염자들보다 더 둔한 반응을 보인다. 그들의 교통사고 발생률은 정상인들보다 두 배가 높다.

끝이 보인다

 농업 역시 미생물의 진화를 늦추는 역할을 할 수 있다. 산업화된 농장은 고밀도 단일재배를 유지하기 위해 비료, 독, 그리고 동식물이 질병에 걸리지 않도록 하는 약물에 의존한다. 어떤 소목장 주인들과 닭 농장주인들은 대안으로 유기농법을 실험하고 있다. 그들은 생풀을 뜯어먹게 하고 자연식품을 먹이는 옛날 방식으로 돌아가고 있다. 그러면 가축 수는 적더라도, 항생제와 화학비료에 대한 필요 역시 낮아진다. 감자 농장들도 마찬가지다. 오늘날 미국의 감자 농장은 대부분 맥도날드 감자튀김의 재료인 러세트 버뱅크를 재배한다. 이 변종 감자에 기생하는 페스트와 해충을 제거할 수 있는 유일한 방법은 살충제, 제초제, 살균제로 곡물을 흠뻑 적시는 것뿐이다. 그러나 고대 잉카에서 사용했던 방법, 즉 다양한 품종의 감자를 혼합해 재배하면, 비싼 독극물을 전혀 사용하지 않기 때문에 비용이 더 저렴해진다. 결국 미생물도 살아남아야겠다는 압박을 덜 받게 된다. 감자는 더 많이 팔린다. 이익이 높아진다. 모두가 승자이다. 물론 화학비료와 항생물질을 파는 사람들만 제외하고.

 몇몇 경우에 어떤 미생물들은 실제로 제거되거나 더 이상 진화하지 않는 상태로 멈추었다. 세계보건기구의 백신접종 노력을 통해 2004년까지 척추성 소아마비는 거의 사라졌고 아프리카의 일부 지역에만 남았다. 그러나 그곳의 몇몇 공무원들이 협력을 그만두자 척추성 소아마비는 다시 한 번 다른 대륙으로 퍼지기 시작했다. 정부 간 협력이 가능하다면 그것은 사라질 것이다. 또 다른 아프리카 태생의 질병인 사상충증 River blindness은 훨씬 다행스러운 경우이다. 그것은 거대 제약사인 머크 제약회사의 '전략적 자선활동' 덕분에 사라지고 있다. 이 회사는 자신들의

어떤 병원균들은 우리의 행동을 바꿀 수 있다. 톡소플라스마 곤디는 사람의 성격을 바꾸고, 반응을 느리게 만들고, 사람들로 하여금 타인에게 난폭하게 행동하게 한다. 이 기생충은 세계 인류의 절반을 감염시킨다. 주로 음식과 고양이가 사용한 깔개를 통해 감염된다.

약 이버멕틴(심장사상충 때문에 개발됨)은 매년 무상으로 제공하여 이 질병을 일으키는 미생물 기생충을 무력하게 만들고 있다. 이 기생충들은 이동할 수도 번식할 수도 없다. 모든 것이 제대로 진행된다면 10년 내에 이 기생충은 멸종될 것이다. 머크 사에는 어떤 이익이 있을까? 물론 자선활동이지만, 회사의 홍보에도 도움이 되고 있다. 머크 제약회사는 2004년 관절염 치료제 비옥스의 부작용을 사전에 알리지 않았다는 이유로 소송을 당했다. 이런 논란 때문에 머크 사는 부정적인 이미지를 개선할 활동이 필요했다.

가난 때문이야

 이런 노력은 우리 거실에 사는 '코끼리'를 해결하지 않으면 수포로 돌아갈 것이다. 바로 부자와 가난한 자 사이의 불평등한 보건의료 체계이다. 오늘날 세계의 부는 유례없이 소수에게 집중되어 있다. 세계의 최고 억만장자 350명의 총재산은 가난한 사람 25억 명의 총재산보다 많다. 최고의 보건의료 체계가 부유층에 아낌없이 제공된다. 제약회사들은 부자들의 요구를 만족시켜 준다. 가난한 사람들은 부스러기를 얻을 뿐이다. 문제는, 가난한 사람들이야말로 가장 건강 문제가 심각한 사람들이라는 사실이다. 결핵, 콜레라, 황열병, 말라리아, 뎅기열, 에이즈를 비롯한 유행성 질병들로 죽어가는 사람들 중 수백만 명은 가난하다. 밑바닥에 있는 이들은 가난 때문에 약(또는 가짜 약이나 기간이 만료된 약, 혹은 잘못된 약)을 충분히 살 수 없기에 슈퍼박테리아를 퍼뜨리는 데 일조하고 있다. 이러한 '역학적 격차'가 해소되지 않는 한, 빨라진 미생물의 진화는 결국 지금까지의 모든 발전을 물거품으로 만들어 버릴 것이다. 돈을 끝없이 쏟아 부어도 모든 것에 내성이 생긴 미생물을 멈출 수 없을 것이다.

 강력한 항생제로도 죽지 않는 슈퍼박테리아들이 유행하는 나라들에서, 'DOTS-플러스'라고 불리는 결핵 치료법이 미생물의 진화를 늦추고 생명을 구할 수 있는 본보기를 제공한다. 원래 DOTS 체계(Directly Observed Treatment-Short Course의 약자로 '단기 직접 관찰 치료'라는 뜻)는 새로운 결핵이 엄습한 뒤인 1990년대에 뉴욕에서 개발된 적극적인 결핵 치료 전략이다. 의사나 공공의료 종사자가 결핵 환자를 직접 관찰하고 감독하면서 완치될 때까지 관리하는 것이다. 6개월의 치료 기간이 끝날 때까지 말이다. 이 치료법은 효과가 있었고 전 세계로 수출되고 있다. 그러나 점점 더 많은 결핵 미생물이 몇 가지 약물에 내성을 갖게 되자 효력이 떨어졌다. 새로운 치료법 'DOTS-플러스'는 2년 동안 환자에게 몇 가지 강력하고 비싼 결핵 치료제를 한 번만 사용하는 것이다. 이 치료법은 약한 결핵균뿐 아니라 모든 결핵균을 죽인다.

초기에 DOTS-플러스는 부유층이나 의료보험의 수혜를 받는 사람들만 사용할 수 있었다. 가난한 사람들에 사용하는 것은 '비효율적'이라고 여겨졌는데, 이는 중산층의 편견 때문이었다. 가난한 사람들의 생활은 문란하고, 이사를 자주 다니고, 몇 달 혹은 몇 년씩 치료를 꾸준히 받을 수 없다는 것이다. 가장 중요한 것은 그들은 돈을 낼 수 없다. 그러나 보스턴에 본부를 둔 의료자선단체인 파트너스 인 헬스(PIH)는 페루의 빈민지역에서 일하면서 가난한 사람들도 부자들만큼이나 복합적인 치료 과정을 따라올 능력이 있음을 증명했다. 그런 증거를 손에 쥐고 그린 라이트 위원회Green Light Committee는 제약회사들에게 결핵 치료제의 가격을 99퍼센트까지 떨어뜨리도록 압력을 넣었다. DOTS-플러스는 이제 세계보건기구를 통해 전 세계에서 보급되고 있다. 결핵균의 진화가 느려지고 있으며, 이것은 부자와 빈민 모두에게 유익한 현상이다.

재물 아니면 건강

이윤은 동기부여에 중요한 역할을 한다. 이것이 자본주의 경제를 끌고 간다. 세계 의료계에서 돌파구는 고귀한 목적을 추구하는 이타적인 사람들에 의해 개척되었다. 그러나 더 많은 경우는 부를 갖고 싶어하는 사람들에 의해 달성되었다. 아무도 그것을 부끄러워하지 않았다. 문제는

미생물은 인간의 불평등을 이용한다. 부자와 가난한자 사이의 역학적 분리, 즉 극소수는 좋은 치료를 받는 반면에 대부분의 사람들이 간단한 치료를 받거나 치료를 거의 받지 못하는 상황 때문에 모든 사람에게 치명적인 질병이 퍼져 나간다.

보건의료 체계가 인류 대다수를 무시한 채 부유한 소수를 치료하는 데 집중되어 있다는 점이다. 우리는 이런 불평등을 모른 체하고 있는데, 이건 위험한 일이다. 병원균은 감염자들에게 동등한 기회를 부여한다. 사는 곳, 교육, 피부색, 혹은 신용한도에 근거하여 감염 대상을 선별하지 않는다. 병원균들은 우리가 방치한 이러한 불균형을 자신들의 목적을 위해 이용하고 있다.

건강이 개인의 특권이 아니라 공공의 이익이 되면, 모든 사람이 더 잘 살게 된다. 소수에서 다수로 보건치료 기금의 대상을 재설정한다면 미생물의 진화를 늦추는 가장 효과적인 방법 중 하나가 될 것이다. 어떤 나라들은 이미 이런 목표에 가까이 다가가 있다. 스웨덴, 싱가포르, 캐나다, 쿠바는 개인적인 의료와 공공의 건강을 결합시키는 방법들을 개별적으로 시도하고 있다. 스웨덴, 싱가포르, 캐나다는 부유한 국가들이다. 쿠바는 꽤 가난하다. 이런 차이에도 불구하고 이 나라들은 미국보다 더 많은 사람들이 더 나은 치료를 받을 수 있도록 더 접근성이 뛰어난 보건의료 체계를 갖추고 있다. 미국의 보건의료 체계는 세계에서 가장 비싸다. 여러분이 생각하듯, 스웨덴, 싱가포르, 캐나다, 쿠바의 보건의료 체계에도 문제점과 비판할 점은 있다. 그러나 특히 면역계가 약하고 치명적인 전염병에 희생되기 쉬운 유아들의 사망률이 결과를 말해 준다. 이 나라들의 유아 사망률은 미국보다 훨씬 낮을 뿐 아니라 더 저렴한 비용으로 좋은 결과를 내고 있다. 싱가포르의 영아 사망률은 1천 명당 2.2명(미국의 1/3)으로 세계에서 가장 낮다! 확실히 그들은 제대로 해 가고 있다.

앨리스, 뛰어!

정말로 사람의 건강을 다루는 방식을 바꾸려면, 우리는 질병에 대해 달리 생각해야 한다. 인간을 정복자로, 질병을 피정복자로 빗대는 방식은 미생물 기생충을 다루는 데 전혀 도움이 되지 않는다. 미생물과 인간의 진화적 관계를 이해하는 데는 고전동화 속에 나온 '붉은 여왕 이론'이 더 적합하다. 우리가 진화하면 병원체도 진화한다. 병원체가 진화하면 우리도 진화한다. 항생제 같은 치료약이나 염소 같은 독소들은 우리를 이런 포식자들에게서 잠시 막아 줄 뿐이다. 결국 미생물은 그것을 극복하고 진화한다. 그러면 후손이 다시 우리를 압박해 온다. 이런 식으로 돌고 도는 것이다. 루이스 캐럴의 동화 『거울 나라의 앨리스』에서 붉은 여왕과 앨리스가 그랬듯이, 우리가 제자리에나마 머물기 위해서는 최선을 다해 계속 달려야 한다.

  십중팔구 항상 그래야 할 것이다.

용어 설명

- **간염**: 간에 생기는 염증. 발열, 황달, 소화 장애의 증상을 보인다. 주로 음식물과 혈액을 통한 바이러스 감염에 의해 걸린다.
- **결핵**: 결핵균이 일으키는 만성 전염병. 결핵균은 1882년 독일의 의사 코흐가 발견했다.
- **구균**: 둥근 모양으로 생긴 박테리아.

- **내성**: 병균이 약물에 대해 저항성을 갖게 되어 약효가 잘 나타나지 않는 것이다. 또한 항생제, 살충제, 또는 다른 환경 조건의 변화에 견딜 수 있는 생물의 면역계 능력을 뜻한다.
- **뇌막염**: 수막의 염증. 열이 나며 뇌척수액의 압력이 올라가므로 두통과 구역질, 목이 뻣뻣해지는 증상이 나타난다. 수막염이라고도 한다.
- **뇌염**: 뇌에 생기는 염증. 뇌염은 바이러스에 감염되거나 물리적, 화학적 자극에 의해 생긴다. 미열과 두통만 나타나다가 의식 장애, 경련을 일으키며, 심하면 사망할 수도 있다.

- **뎅기열**: 이집트숲모기를 통해 전염되며, 발열, 두통, 결막 출혈, 근육통, 백혈구 감소 따위의 증상이 나타난다. 아시아, 아프리카 그리고 아메리카의 풍토병이다.
- **독감(인플루엔자)**: 독감 바이러스에 의해 호흡기 계통에 나타나는 급성 전염병. 고열, 오한, 두통 등의 증상이 나타나며, 폐렴, 뇌염 따위의 합병증을 일으킨다. 유행성감기라고도 한다.
- **디스토마**: 포유류의 간과 폐에 기생하는 편형동물 흡충류.
- **디프테리아**: 디프테리아균에 감염되어 호흡기 점막이나 피부에 나타나는 급성 전염병.

- **류머티즘열**: 연쇄 구균 박테리아의 감염으로 특정 소질을 가진 어린아이에게 일어나는 감염성 질환.

- **매개체**: 병원균이나 기생 생물을 최종 숙주에게 옮기는 중간 숙주와 같은 생물이나 무생물.
- **매독**: 매독 스피로헤타라는 나선균에 의해 감염되는 성병. 피부염, 면역계 손상, 그리고 궁극적으로는 뼈, 근육, 뇌의 손상을 가져온다.
- **면역계**: 동물의 몸속으로 들어오는 질병이나 해로운 이물질로부터 스스로를 지키기 위해 방어 능력

을 발휘하는 기관 및 세포.
- **미생물**: 눈으로 볼 수 없는 아주 작은 생물. 보통 세균, 균류(효모와 곰팡이), 원생동물과 조류가 포함되고, 바이러스도 여기에 속한다.

- **바실루스균**: 막대 모양으로 생긴 박테리아. 결핵균, 대장균, 디프테리아균, 페스트균 따위가 있다.
- **바이러스**: 살아 있는 생물의 세포(숙주) 속에서만 살 수 있는 미생물. 크기가 매우 작고 구조가 단순하지만, 질병을 일으키는 중요한 원인이 된다.
- **박테리아(세균)**: 하나의 세포로 이루어진, 생물체 가운데 가장 작고 단순한 생물. 대부분 지름이 0.3~2마이크로미터 정도이며, 현미경을 통해서만 볼 수 있다.
- **발진티푸스**: 리케차가 일으키는 질병. 벼룩이나 이가 옮긴다. 사람의 혈관 내벽에 손상을 주어 출혈과 온몸에 붉고 작은 반점이 돋아난다.
- **백신**: 전염병에 대해 인공적으로 면역을 주기 위해 몸에 투여하는 주사약. 미생물에 조작을 가하여 독소를 약화시키거나 균을 죽게 하여 만든다.
- **백일해**: 경련성 기침을 일으키는 급성 전염병. 3~6세의 어린이들이 잘 걸리며 특히 겨울부터 봄에 걸쳐 유행하는 질병으로, 병에 걸리면 경과가 백 일 가까이 걸린다.
- **범유행병**: 어떤 질병이 대륙 또는 전 세계로 퍼지는 것.
- **바리올라**: 천연두를 일으키는 바이러스.
- **비브리오균**: 쉼표 모양으로 생긴 박테리아.

- **사상충증**: 사상충이 림프관이나 혈관 속에 기생하여 일으키는 병. 사상충은 림프의 흐름을 막아 팔다리, 특히 다리가 심하게 부어오르고 딱딱해져 코끼리의 피부처럼 되는 상피병을 일으킨다.
- **사스(SARS)**: 중증급성호흡기증후군. 코로나 바이러스에 의해 유발되는 상당한 감염성 기침과 호흡기 곤란 증상이다. 이 질병의 매개체는 사향고양이다.
- **스피로헤타**: 나사 모양이고 회전 운동을 하는 박테리아.

- **연쇄상구균**: 사슬 모양으로 증식하고 배열하는 박테리아 종류. 성홍열, 패혈증, 류머티즘열 따위를 일으키는 균들이 있다.
- **예르시니아 페스티스**: 가래톳페스트를 일으키는 박테리아.
- **예방접종**: 질병으로부터 우리 몸을 보호하기 위해 백신이나 혈청을 사용하는 의학적인 조치. 백신은 항체를 생성하게 해서 면역성을 길러 주며, 혈청은 혈액에 직접 항체를 넣어 면역성을 높인다.
- **우두**: 천연두를 예방하기 위해 소에서 뽑은 면역 물질.
- **원생동물**: 단세포로 된 가장 하등한 원시적인 동물.
- **웨스트나일 바이러스**: 빨간집모기에 의해 전염되는 치명적인 바이러스 질병.
- **유행병**: 일시적으로 많은 사람들에게 발생하는 질병. 한 지역 또는 여러 지역으로 퍼질 수 있다.
- **유행성이하선염**: 침 분비샘이 감염되어 나타나는 바이러스성 질병. 목이 부풀어 오르는 증상을 보인다.
- **이집트숲모기**: 뎅기열과 황열병을 옮기는 모기.

- **장티푸스**: 치명적인 박테리아성 질병. 장의 궤양과 감염이 특징이다. 티푸스균(살모넬라 티피)이 일으키는데, 이 세균은 주로 오염된 물이나 음식물을 통해 사람들에게 전파된다.
- **전염병**: 병원성이 있는 세균, 바이러스, 리케차, 원생동물 등을 통해 전염되는 질병.
- **정맥절개술(방혈)**: 치료를 위해 정맥을 절개해 피를 흘리게 하는 것. 갈레노스파 의술에서 '체액'의 불균형을 잡기 위해 사용했다.

- **천연두**: 바리올라(천연두) 바이러스가 일으키는 급성 전염병. 온몸에 발진이 생겨 딱지가 떨어지면서 흉터가 영구적으로 남는다.

- **콜레라**: 콜레라균이 일으키는 전염병. 콜레라균은 감염된 사람의 배설물에 오염된 물과 음식을 통해 퍼져 나간다. 심한 구토와 설사에 따른 탈수 증상, 근육 경련 따위를 일으키며 사망률이 높다.
- **키메라**: 그리스신화에 나오는 괴물로 머리는 사자, 몸통은 양, 꼬리는 뱀이나 용의 모양을 하고 있으며 불을 내뿜는다고 한다. 생물학에서는 한 개체 안에 서로 다른 유전적 성질을 가지는 동종의 조직이 함께 존재하는 현상을 가리킨다.

- **탈저**: 발가락이나 손가락이 썩어서 떨어지는 병.
- **톡소플라스마 곤디**: 대부분 포유류 속에 살고 인간 몸속에서는 성격과 행동에 변화를 가져오는 원생동물. 태아의 뇌 손상과 면역반응이 제대로 발휘되지 못하는 숙주의 치매를 일으킬 수 있다.

- **페니실린**: 세균에 의한 감염을 치료하는 데 사용되는 항생제로 1928년에 영국의 과학자 플레밍이 발견했다. 폐렴, 류머티즘열, 성홍열 그리고 그 밖의 질병을 치료하는 데 중요한 역할을 한다.
- **포도상구균**: 공 모양의 세포가 모여서 포도송이처럼 된 박테리아.
- **풍토병**: 특정 지역에서 자주 발생하는 질병. 열대 지방의 말라리아와 황열병, 일본의 뇌염 따위가 있다.

- **항생물질**: 인체에 해로운 미생물, 세균 따위를 죽이거나 생장을 억제하는 화학물질. 미생물에 의해 만들어지거나 화학적으로 합성된다. 페니실린, 스트렙토마이신, 테라마이신 따위가 있다.
- **홍역**: 홍역 바이러스가 일으키는 급성 전염병. 온몸에 좁쌀 같은 붉은 반점이 돋는다. 한 번 앓으면 다시 걸리지 않는다.
- **황열병**: 플라비바이러스 계통의 바이러스가 일으키는 전염병. 이집트숲모기를 통해 옮겨지며, 아프리카와 아메리카의 풍토병이다.
- **후천성면역결핍증**: 인체면역결핍바이러스(HIV)가 일으키는 치명적인 감염증. 인체면역결핍바이러스가 질병에 대항하는 면역계를 손상시키기 때문에 후천성면역결핍증이라는 이름이 붙었다. 에이즈라고도 한다.
- **흑사병(페스트)**: 페스트균(예르시니아 페스티스)이 일으키는 급성 전염병. 감염 부위에 따라 가래톳페스트(림프샘페스트)와 폐페스트로 나뉘는데, 가래톳페스트는 지속 시간이 길지 않지만 사망률이 매우 높다.